W0330363

The Øyster King
COOKBOOK

SPLENDID
PAPERS

IMPRINT

AUTHORS

Jesper Danneberg Voss,
Colin John Seymour Jr.
and friends

EDITOR

Splendid Papers

COPYRIGHT *2016*

splendidpapers.eu

All rights reserved. No part of this book may be reproduced, stored or transmitted in any form without written permission from the publisher. The publisher has tried to make the information in this book as accurate as possible and accepts no responsibility for any loss, injury or inconvenience sustained by any person using the book.

SIZE ~ NUMBER OF PAGES ~ EDITION

17 x 23 cm ~ 160 pages ~ 5.000 (1. edition)

ISBN

978-3-00-054364-7

COVER MATERIAL

301 g/qm Touché Cover White, FSC ~ 120 g/qm Stardream Diamond, FSC
Igepa group

PAPER

160 g/qm Design Offset natur, 1.2 volume, FSC
Igepa group

FONTS

Berlingske Serif Text Regular ~ Italic
Berlingske Sans Extra Bold Caps ~ Condensed Caps
Freeland

PHOTOGRAPHERS

Sven Sindt – Splendid Papers
Colin John Seymour Jr. *pages 14, 18, 57, 62, 72, 100, 103, 127, 129, 158*
Magnus Holm – Polfoto *portrait Paul Cunningham page 96*

DESIGN & LAYOUT

Rabea Düing – Splendid Papers

TRANSLATIONS

Maibrit Lucassen ~ Sashell Beck ~ Iain Thompson
Dr. Christoph Laucht

LECTORS

Kerstin Otte ~ Julian Ulbrich ~ Jonna Sørensen ~ Kirsten Voss

PRINTING HOUSE

Einblatt Druck, Kiel, Germany, *einblatt-druck.de*
nndruck, Kiel, Germany, *nndruck.de*

BOOKBINDER

Buchbinderei Terbeck, Coesfeld, Germany, *buchbinderei-terbeck.de*

FANO OYSTERKING

CONTENT

MADS SCHREINER
Market Director Germany
Visit Denmark, Hamburg

VISITDENMARK.COM

HÅRD UDENPÅ OG BLØD INDENI. ENKEL OG SAMTIDIG NOGET HELT SÆRLIGT

Der er tale om østers – havets delikatesse – og min gode ven Jesper fra Fanø. Mange internationale turister forbinder det danske køkken med røde pølser, hotdog og softice. Men Danmark har meget mere at byde på. I de senere år har mange danske kokke ladet sig inspirere af naturen og brugt danske råvarer til at kreere store smagsoplevelser uden dikkedarer og hokuspokus. Det er denne bog „Hjertet af Fanø og Vadehavet“ et fremragende bevis på.

Østers er blevet en del af det danske køkken. Og smagsoplevelsen begynder i Vadehavet, hvor man kan samle østers i spandevis på bankerne tæt på Fanø. Man føler sig tæt på lykkelig, når man har tilbragt en eftermiddag i godt selskab i Vadehavet, og med røde kinder og saltvand i håret går mod land med sin fyldte spand friske østers, klar til at lægge på grillen eller i ovnen.

Jesper er en god følgesvend at have med på østersjagt. Han kender sit håndværk, og med sin varme og åbenhed når han hurtigt ind i goumethjertet på enhver gæst. Jeg husker tydeligt vores første møde. Jeg var ingen østersfan, men Jespers viden og begejstring fik mig overbevist om at gå ombord i havets delikatesse. Siden har jeg prøvet mange variationer – og er i dag en kæmpe fan af østers, som på samme tid er en simpel og delikat ret, der kun bliver bedre af Jespers opskrifter. Min favorit holder jeg for mig selv. Med denne fantastiske bog får alle mulighed for at dykke ned i de mange smagsvarianter – og tage en bid af lykken.

HARTE SCHALE, WEICHER KERN! – EINFACH UND DOCH GANZ BESONDERS

„Das Herz von Fanø und dem Wattenmeer“, damit ist natürlich die Auster gemeint. Genau so habe ich aber auch meinen Freund Jesper kennengelernt.

Viele Menschen verbinden typisch Kulinarisches in Dänemark mit roten Pølser, HotDog und Softeis, dabei hat Dänemark sehr viel mehr zu bieten. Von der Sterneküche bis zum Strandkiosk, die Nordische Küche hat längst schon den Weg zu unseren Gaumen gefunden. Die Natur in ihrer Reinheit zu nutzen und sich auf ein Geschmackserlebnis ohne viel Schnickschnack einzulassen, hat in der jüngsten Vergangenheit viele Feinschmecker begeistert.

Austern sind ein Teil davon und jeder kann durch sie die dänische Küche erleben. Das Geschmackserlebnis beginnt im Wattenmeer beim Austern sammeln, geht über die Zubereitung und wird vollendet im Verzehr. Das Gefühl eigenständig von Anfang bis Ende, etwas so Delikates und dabei so Einfaches auf den Tisch zu bringen, ist herausragend. Hier findet man ein Stück vom Glück: Mit vom Wind zerzausten Haaren,

VARDE
Nesbjerg
Billum
Jandrup
Hyllerslev
Biltofte
Tofttnæs
Vestervang
Ho Bugt
Ho
Skalling
Hostrup
Alslev
Orre
Rost
7
V Nebel
Bröndum
Guldager
Grimstrup
Hjerting
Langli
Skadst
Jærne
ESBJERG
Tjæreborg
Sneduml K
Darum K
Vilslev
Kongeaa
Nordby K
Sönderho
FANÖ
Ribe Aa
V Vedsted
Mandö By
Mandö
8
Graadyb
Hvidin
Reisby

von Salzwasser und Meeresduft geröteten Wangen, in Gummistiefeln und in guter Gesellschaft mit dem Eimer voller frischer Austern nach Hause zum Ofen oder Grill.
Jesper ist ein authentischer Begleiter, der sein Handwerk versteht und mit seiner herzlichen, offenen Art, seine Gäste verzaubert. Ich erinnere mich sehr gut an unseren ersten Abend: ich war kein Austern-Freund, aber Jespers Rezepte, sein Wissen und seine Begeisterung für das Produkt, haben mich auf den Geschmack gebracht. Inzwischen habe ich schon viele Varianten ausprobiert – und bin ein Fan. Mein Favorit ist mein Geheimnis, aber mit diesem tollen Buch kommt jeder zu seinem Glück.

HARD SHELL, SOFT CORE! – SIMPLE AND YET VERY SPECIAL

"The heart of Fanø and the mud flats". This of course describes the oyster but it could also be talking about my friend Jesper.
Many people connect typical Danish cuisine to red "Pølser", Hot Dogs and soft ice cream but Denmark has much more to offer. From starred restaurants to beach kiosks, Nordic cuisine is already established in our palate.
Using natural products, untainted by chemicals or processing, and creating new culinary experiences has lately begun to fascinate many gourmets.
Oysters are a part of this experience and everyone can experience Danish cooking through them. The experience begins while collecting them in the Wadden Sea and continues through preparation to consumption.
The feeling of being part of the process in bringing something so delicate but yet so simple to the plate is simply outstanding. This is where you find a slice of happiness: With windswept hair in a fresh sea breeze, flushed cheeks, wearing rubber boots and in good company, making your way home to barbecue or cook, with a bucket filled with fresh oysters.
Jesper is a genuine person and good companion, who knows his craft and knows how to enthrall his guests with his warm and open nature. I remember our first evening very well: I didn't like oysters. But Jesper's recipes, his knowledge and his enthusiasm for them gave me the taste. Since then, I have tried many variations – and now count myself an oyster fan. My favorite is my secret but with this great book everyone will find an oyster dish to make them happy.

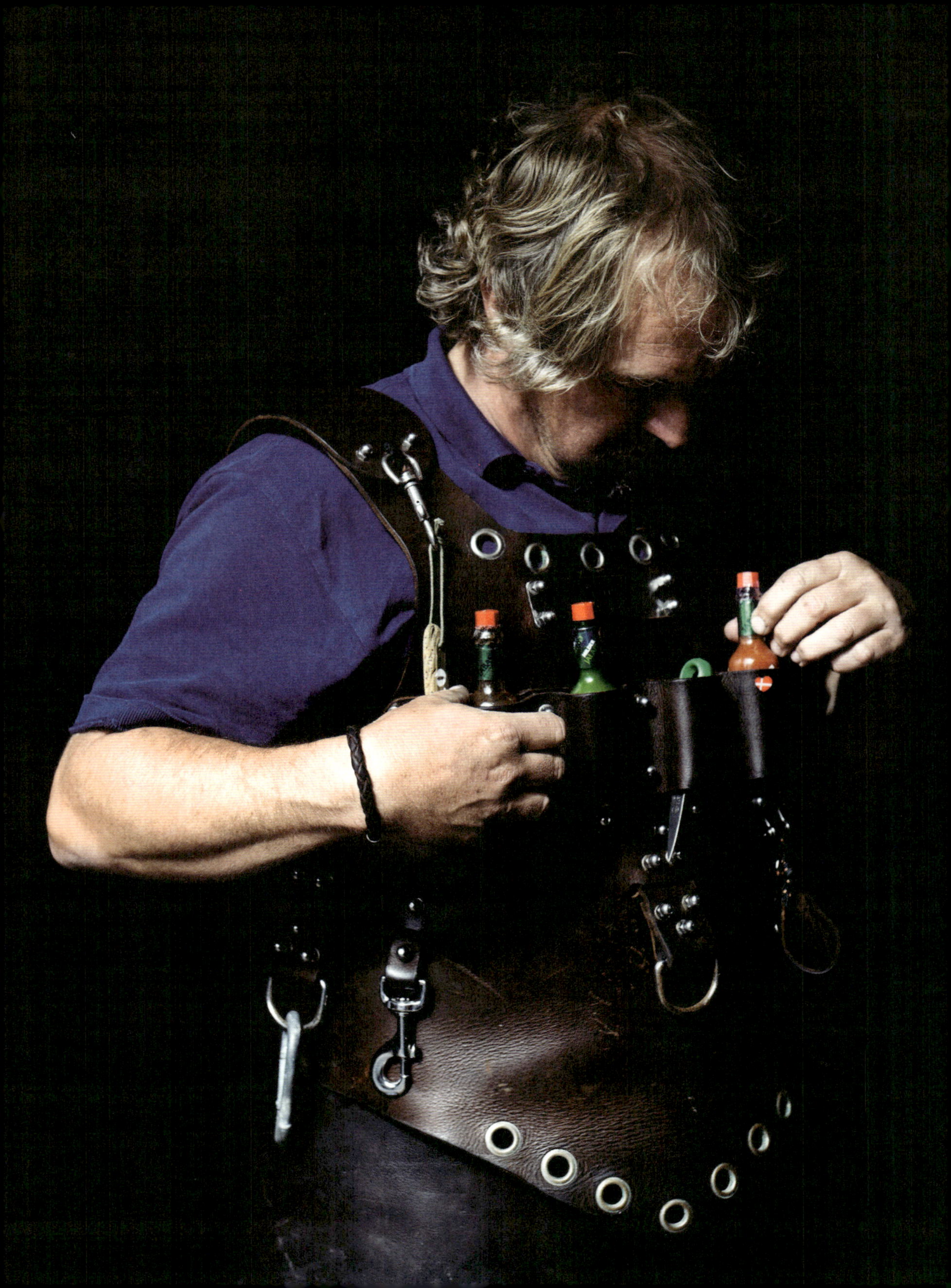

Fanø Oysterking

JESPER DANNEBERG VOSS

Fanø, Denmark

OYSTER-KING.DK

HEJ! AF FANØ OYSTER KING

Hej, jeg hedder Jesper Danneberg Voss , bedre kendt som Fanø Oyster King, – født i København og opvokset i Luxembourg. Efter gymnasiet og et idræts studium i Tyskland, arbejdede jeg 15 år indenfor rekruttering i Luxembourg. Jeg indså dog, at jeg ikke ønskede at tilbringe resten af mit liv bag et skrivebord og derfor gik turen tilbage til Danmark. For at være helt præcis, til den smukke ø, Fanø, midt i Vadehavet. Mit jakkesæt blev hurtigt skiftet ud med shorts, klipklapper og gummistøvler. På Fanø fandt jeg også min helt store kærlighed – Østers. Resultatet af denne kærligheds-historie finder i, i denne bog, hvormed jeg håber at kaste nyt lys på disse fantastiske østers. Håber i får lyst til at tilberede nogle af disse østersan-retninger. *Hilsen Jesper*

HEJ! VOM FANØ OYSTER KING

Hej, ich bin Jesper Danneberg Voss, auch bekannt als Fanø Oyster King, – geboren in Kopenhagen und aufgewachsen in Luxemburg. Nach dem Abitur und einem Sportstudium habe ich 15 Jahre im Personalwesen in Luxemburg gearbeitet. Doch dann merkte ich, dass ich nicht mein Leben lang hinter dem Schreibtisch sitzen möchte. Und auf ging es zurück nach Dänemark, um genauer zu sein auf die wunderschöne Insel Fanø im Wattenmeer. Meinen Anzug habe ich gegen Shorts, Flip Flops und Gummistiefel eingetauscht. Auf Fanø traf ich dann auch auf meine Liebe – die Austern. Das Ergebnis dieser Liebesgeschichte seht ihr hier in diesem Buch, mit dem ich einen neuen Blick auf die Auster geben möchte. Viel Spaß beim Nachkochen. *Euer Jesper*

HEJ! FROM FANØ OYSTER KING

Hej, I am Jesper Danneberg Voss, also known as the Fanø Oyster King, – born in Copenhagen and raised in Luxembourg. After graduating in Sport Studies I worked in human resources for 15 years in Luxembourg. At some point however I realized that I didn't want to spend my whole life behind a desk, so back I went to Denmark. To be more precise: I moved to the wonderful island of Fanø in the Wadden sea. I traded in my suit for shorts, flip flops and rubber boots and it was on Fanø where I found my love – the oysters. The result of this love story can be found in this book, where I hope, I have been able to present a new perspective on the oyster. Have fun cooking. *Your Jesper*

Got
Oysters?

HÅRD UDENPÅ, BLØD INDENI

Der findes over 50 forskellige sorter af østers, hvoraf de mest spiste er stillehavsøstersen, den amerikanske østers, den europæiske østers og den portugisiske østers. Disse er yderligere opdelt i regionale underarter, som for eksempel den franske bélon fra Bretagne, der er en europæisk østers opkaldt efter floden af samme navn. Stillehavsøsters kan blive op til 30 cm lange, mens den europæiske østers kun måler 10 til 15 cm i diameter.

Man kan selv tage på østersfangst og indsamle vilde østers. Disse siges at smage bedre end de opdrættede østers, hvilket kan skyldes deres naturlige opvækst eller måske blot oplevelsen af, selv at have samlet dem.

Størstedelen af de østers, der spises nu om dage, stammer fra opdræt, hvor de efter to til fem år opnår spisestørrelse og høstes. De høstede østers bliver sorteret efter kvalitet og størrelse, inden de sælges.

Udover selve opdrætningen har placeringen en indflydelse på østersenes kvalitet og smag. Vandtemperaturen og miljøet påvirker østersenes smag og farve gennem sammensætningen af vandkvalitet, plankton og mineraler.

Østers kan i grove træk beskrives som „hårde udenpå og bløde indeni".

I larvestadiet finder østersene et egnet sted, hvor de kan sætte sig fast, og der forbliver de resten af livet. Deres specielle skal beskytter dem mod ydre påvirkninger. Undersiden af skallen er hvælvet og ubevægelig, mens den øvre skalside er flad og kan åbnes for at optage næring og lukkes for at beskytte dens bløde indre. En østers kan lukke sin skal så tæt, at den kan overleve i op til to uger uden for vand.

For at skallen kan blive vandtæt, stødfast og ikke skør, må østersen bygge den op i flere lag. Det ru yderste lag beskytter mod ydre påvirkninger og fjender, det inderste tætte og elastiske perlemorslag beskytter skallen mod revner og selve østersen mod udtørring. Begge skaldele er forbundet med et hængsel.

Det indre af en østers består hovedsageligt af en stærk lukkemuskel, som lukker skallen så fast, at den kun kan åbnes med værktøj. De øvrige organer bliver holdt sammen af en hinde, som har åbninger til forplantning, fordøjelse og til at optage vand. Den største åbning er den til at optage vand, og åbningen markeres af gællerne og et markant skæg. Selve skægget er ufordøjeligt og bliver for det meste ikke spist med – men det smager specielt „østersagtigt".

INDKØBSTIP

Køb altid friske østers, som højst har været uden for vand i ti dage. Når man køber østers, skal de være lukkede eller straks lukke sig ved let berøring.

OPBEVARING

Østers opbevares i køleskabet ved 5 til 10°C med den hvælvede side nedad. Her bør de stables, for eksempel i grøntskuffen, uden forpakning og tildækket med et fugtigt viskestykke, indtil de skal spises.

EINKAUFSTIPP

Grundsätzlich gilt es nur frische Austern, die maximal zehn Tage vom Wasser fern sind, zu kaufen. Beim Kauf sollten alle Austern geschlossen sein oder sich nach einer leichten Berührung sofort schließen.

LAGERUNG

Die Austern Zuhause im Kühlschrank bei 5–10°C mit der bauchigen Seite nach unten lagern. Hier sollten sie ohne Verpackung, beispielsweise im Gemüsefach gestapelt und bis zum Verzehr mit einem feuchten Tuch bedeckt werden.

HARTE SCHALE, WEICHER KERN

Weltweit gibt es über 50 verschiedene Austernsorten, wobei die Hauptsorten auf dem Teller die Pazifische Auster (Riesenauster), die Amerikanische Auster, die Europäische Auster (Flache Auster) und die Portugiesische Auster sind. Diese sind wiederum in regionale Unterarten eingeteilt, wie die berühmte französische Bélon aus der Bretagne, eine Europäische Auster aus dem gleichnamigen Fluß. Während die Pazifische Auster bis zu 30 cm lang werden kann, erreicht ihre europäische Verwandte einen Durchmesser von 10 bis 15 cm.
Man kann Austern wild sammeln, diese Exemplare schmecken laut der Meinung vieler etwas besser als ihre Artgenossen aus der Zucht. Vielleicht kommt dies durch die natürliche Lebensweise, vielleicht aber auch durch das Erlebnis des Sammelns selbst. Der Großteil der verspeisten Austern stammt jedoch aus Zuchtanlagen. Nach zwei bis fünf Jahren sorgsamer Pflege sind sie herangereift und kommen anschließend nach Güteklassen und Größen sortiert in den Handel. Neben der Pflege selbst bestimmt dabei auch der Standort die Qualität und den Geschmack. Die Temperatur des Wassers sorgt ebenso wie die Umgebung, mit ihrer jeweilig einzigartigen Zusammensetzung aus Wasserqualität, Plankton und Mineralien, für Unterschiede in Geschmack und Farbe der Tiere.
Grob gliedert sich die Auster in „harte Schale, weicher Kern“. Als Larve sucht sich die Auster einen geeigneten Standort und verwächst für den Rest ihres Lebens mit dem Untergrund. Um sich zu schützen, dient ihr die hochentwickelte Schale. Die Unterseite, die bauchige, ist dabei unbeweglich, währen die obere Seite, die flache, sich öffnet, um Nahrung aufzunehmen oder schließt um das Innere zu schützen. Die Auster schließt dabei so dicht, dass sie bis zu zwei Wochen außerhalb des Wassers überleben kann. Damit die Schale stoßfest, aber nicht brüchig und zugleich wasserdicht ist, baut die Auter sie aus mehreren Schichten auf. Mit der rauhen äußeren Schicht schützt sich die Auster vor Umwelteinflüssen und Feinden. Die innere Perlmuttschicht ist besonders elastisch und dicht und schützt die Schale vor Rissen und die Auster vor dem Austrocken. Beide Hälften sind mit einem Scharnier verbunden.
Das Innere der Auster besteht zu einem großen Teil aus dem Schließmuskel, der die Schale so fest verschließt, dass man sie nur mit einem Werkzeug öffnen kann. Die übrigen Organe werden durch den Mantel zusammengehalten, welcher Öffnungen für Wasseraufnahme, Fortpflanzung und Verdauung besitzt. Die größte Öffnung für die Aufnahme von Wasser wird durch die Kiemen und den markanten Bart gekennzeichnet. Letzterer ist unverdaulich und wird oft nicht mitgegessen, schmeckt allerdings besonders „austrig“.

HARD SHELL, SOFT CORE

There are over 50 different varieties of oyster worldwide, with the Pacific Oyster (giant oyster), the American Oyster, the European Oyster (Flat Oyster) and the Portuguese Oyster being the most popular among connoisseurs. These four types of oyster are further sub-divided into regional varieties, such as the famous French Bélon from the River Bélon in Brittany. While the Pacific Oyster can grow up to 30 cm in length, its European relative reaches only 10 to 15 cm in diameter.
Although some people believe that wild oysters are superior in taste to those raised in farms, the majority of oysters consumed today come from farms. After two to five years of attentive care, oysters reach the market, classed according to quality and size. Apart from the care the oysters enjoy, their environment also defines their quality and taste. The temperature and quality of the water, and the plankton and minerals in their surroundings influence the flavour and colour of these molluscs. Broadly speaking, the division into "hard shell, soft core" applies to oysters. As larvae they seek an appropriate location to settle and then grow in the seabed for the rest of their lifetime. The highly evolved shell serves the oyster for its protection. The lower side (the belly) is immovable, whereas the upper, flat side opens to take in nutrition or closes to protect the core. Oysters close up so tightly that they are able to survive on land for up to two weeks. To ensure their shell is both shock-resistant and water-tight but not brittle, oysters build their shell in layers. The rough, visible layer on the outside protects oysters from environmental influences and enemies. The nacreous inner layer is extremely elastic and tight, protecting the shell against cracks and the oyster against drying out. The two halves are connected by a hinge.
The interior of an oyster principally consists of a sphincter muscle that closes the shell so tightly so that it can only be opened with tools. The other organs are kept in place by a mantle with openings for water intake, procreation and digestion. Gills and a distinct beard mark the largest opening for water intake. Since the latter is not digestible, it is often not eaten but tastes particularly "oystery".

SHOPPING ADVICE

As a matter of principle, only buy fresh oysters that have been out of the water for ten days at the most. They should all be closed or close immediately after receiving a light touch.

STORAGE

At home, store oysters in the refrigerator, with the bellied side facing down, at a temperature between 5–10°C. Remove all packaging from the oysters. They can be stored in the crisper, for example. Pile the oysters on top of each other and cover them with a damp cloth.

How to shuck an Oyster...

MAN BENÖTIGT

friske østers

1 østers kniv

1 viskestykke

HVORDAN MAN ÅBNER ØSTERS

SÅDAN GØR MAN

Benyt altid en østerskniv til at åbne østers og et viskestykke i hånden, der holder dem, for ikke at komme til skade. Hold østersen med den dybe side nedad og den „runde“ ende med „hængslet“ mod fingerspidserne. Stik østerskniven ind, der hvor „hængslet“ sidder, og før kniven stille og roligt, men med et konstant tryk, ind i leddet. Når østerskniven trænger ind i østersen, vrides kniven en halv omgang – der høres et lille „plob“ – og man kan mærke at skallen giver efter. Stik nu kniven helt ind og før den rundt langs østersens flade overside. Derved skæres musklen over, og den flade skalside kan nu fjernes. Skær derefter østersen fri af den dybe skal og fjern eventuelle skalsplinter.

I østersen er der en væske. Det er saltvand, som østersen stadig har i sig fra havet. Den kan hældes fra eller nydes med de rå østers. I opskrifterne i denne bog, bliver saften dog sjældent brugt. Man skal bruge, bliver der gjort opmærksom på det i opskriften.

MAN BENÖTIGT

frische Austern

1 Austernmesser

1 Geschirrhandtuch

WIE MAN EINE AUSTER ÖFFNET

SO GEHT ES

Beim Öffnen eine Hand zum Schutz mit einem Geschirrhandtuch bedecken und in dieser die Auster mit ihrer gewölbten Schale zur Handfläche liegend festhalten. Man greift sie so, dass sich das verjüngte Ende mit dem sogenannten Scharnier an den Fingerspitzen befindet. Mit dem Austernmesser am Scharnier ansetzen und mit langsamen und festen Bewegungen in das Gelenk vorarbeiten. Hierbei verwendet man am besten nicht zu viel Kraft, um nicht abzurutschen und sich zu verletzen. Nach einigen Bewegungen löst sich der Widerstand. Nun eine beherzte Drehung mit dem Messer – ein leichtes „Plop“ ist zu hören – und die Schale gibt spürbar nach. Mit dem Messer fährt man nun rundherum unter dem flachen Schalendeckel entlang. Sobald dieser gelöst ist, kann der Muskel, mit welchem die Auster mit der oberen Schale verbunden ist, durchtrennt werden. Von Muschelsplittern gesäubert, kann danach der zweite Muskelstrang unter der Auster gelöst werden.

In der Austernschale befindet sich eine Flüssigkeit. Es handelt sich hierbei um Salzwasser, das die Auster aus dem Meer mitgebracht hat. Wenn man möchte, kann man dieses mit der Auster genießen. In den Rezepten in diesem Buch wird mit einigen Ausnahmen auf dieses verzichtet. Wird das Wasser für die Zubereitung benötigt, wird im Rezept darauf hingewiesen.

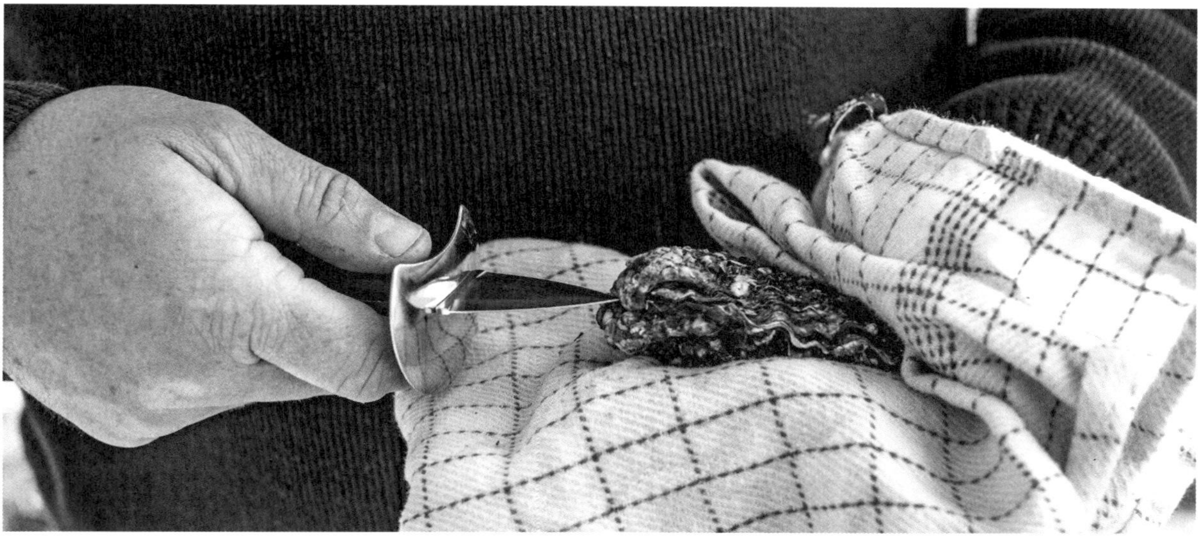

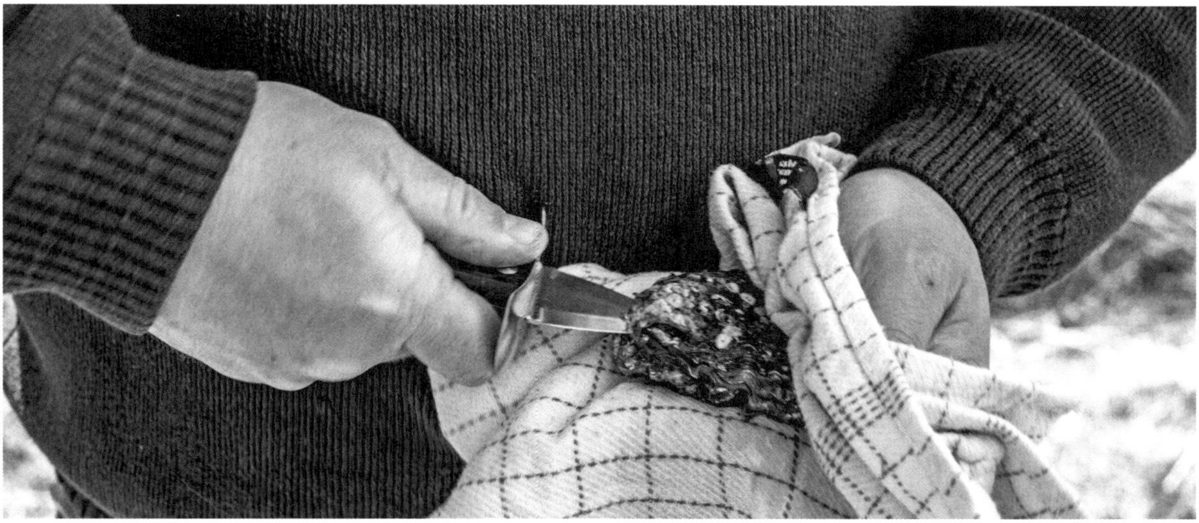

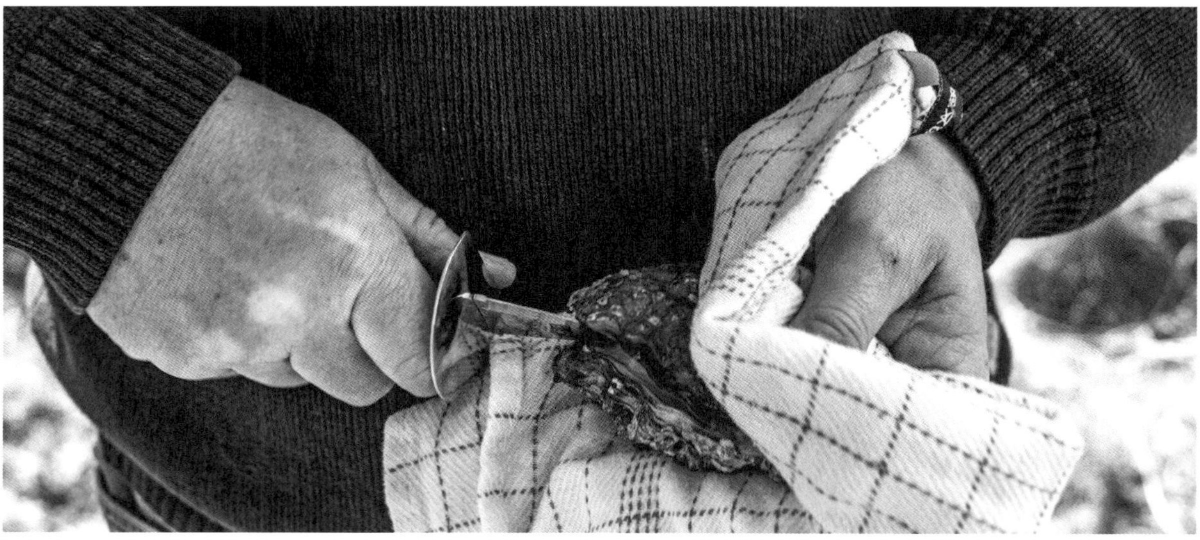

YOU NEED

fresh oysters

1 oyster knife

1 dish cloth

HOW TO SHUCK AN OYSTER

THIS IS HOW IT WORKS

To shuck an oyster, cover your hand with a dish cloth and hold the oyster with the deep half of the shell in the palm of your hand. Make sure the narrow part of the oyster, with the hinge, is facing towards your fingertips. Place the oyster knife at the hinge and slowly work your way into the joint. Do not use too much force otherwise the knife might slip and you will hurt yourself. After some movement with the knife you will feel the resistance loosening. With one more determined turn of the knife you should hear a popping sound and the shell will give way. Move the knife all the way around underneath the top shell. When the top shell is loosened you can cut through the muscle that attaches it to the oyster.

Clean around the oyster discarding any shell splinters and separate the oyster from the bottom part of the shell.

The liquid in the oyster shell is only sea water and can be enjoyed with the oyster. Most of the recipes in this book do not use the sea water but it will be indicated when otherwise so you know to save it.

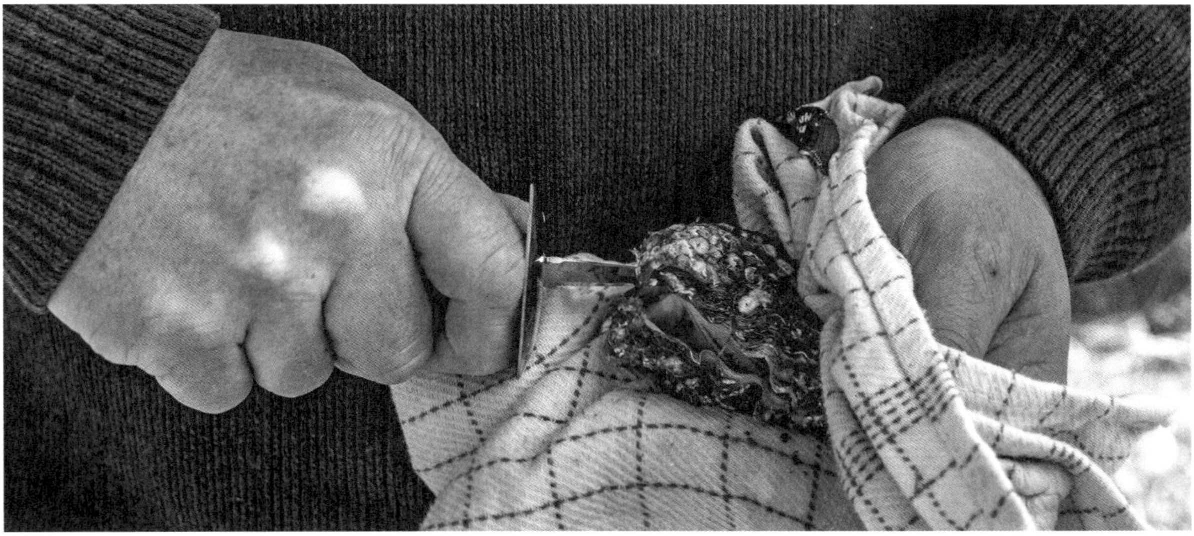

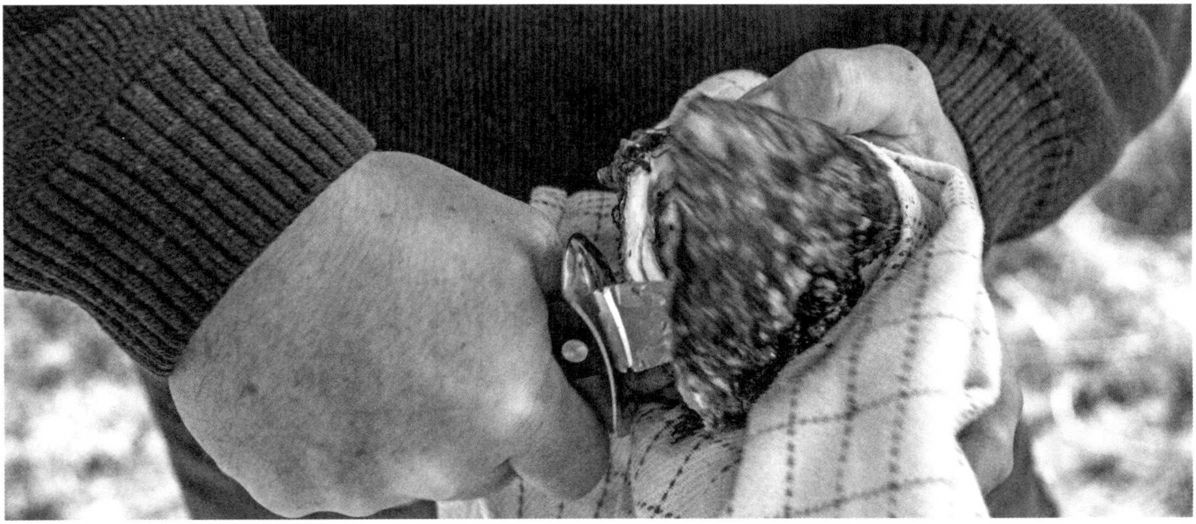

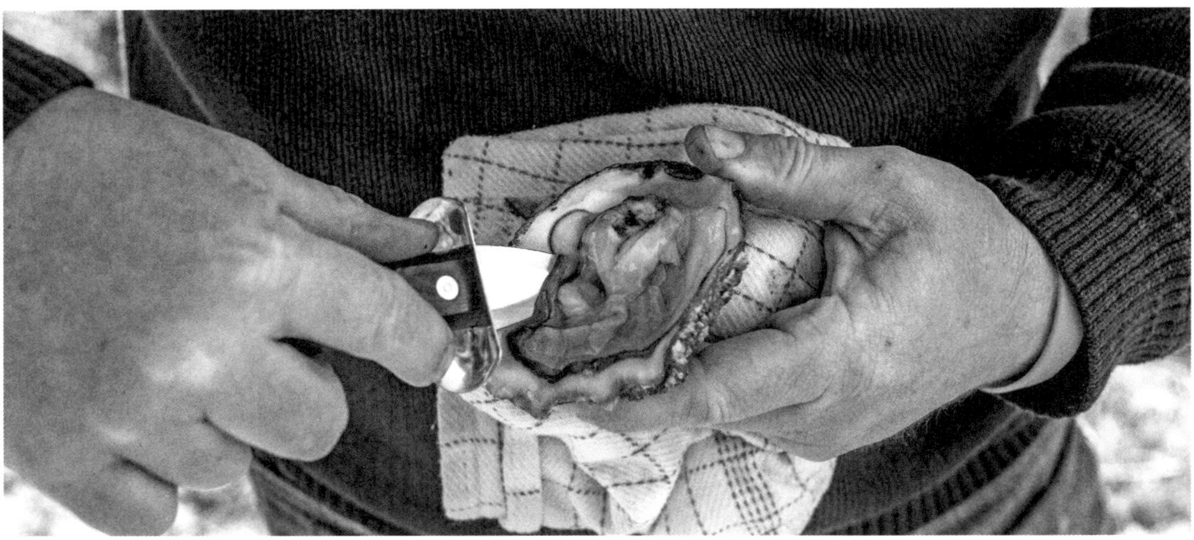

As I ate the oysters with their strong taste of the sea
and their faint metallic taste
that the cold white wine washed away,
leaving only the sea taste and
the succulent texture, and as I drank
their cold liquid from each shell
and washed it down with the crisp taste
of the wine, I lost the empty feeling
and began to be happy and to make plans.

Ernest Hemingway **A MOVEABLE FEAST**

Recipes

ØSTERS BALSAMICO

INGREDIENSER TIL 4 PERSONER

12 friske østers

1 dl balsamico eddike

2 små rødløg

1 spsk rørsukker

TILBEREDNING

Skær rødløgene i fine tern, læg dem i en skål med balsamicoen og tilsæt en spiseskefuld rørsukker. Rør til rørsukkeret er opløst. Lad marinaden stå og trække i 30 minutter. Åbn de friske østers og skær dem løs. Kom en teskefuld dressing på østersene og servér straks.

AUSTERN BALSAMICO

ZUTATEN FÜR 4 PERSONEN

12 frische Austern

100 ml Balsamico Essig

2 kleine rote Zwiebeln

1 EL Rohrzucker

ZUBEREITUNG

Die roten Zwiebeln fein würfeln und in die Schüssel mit dem Balsamico Essig geben. Den Rohrzucker hinzufügen und umrühren bis er sich aufgelöst hat. Die Marinade eine halbe Stunde ziehen lassen.
Die Austern öffnen und lösen. Danach jeweils einen Teelöffel des Dressings auf die frischen Austern geben und sofort servieren.

OYSTERS BALSAMICO

INGREDIENTS FOR 4 PERSONS

12 fresh oysters

100 ml balsamic vinegar

2 small red onions

1 tbsp cane sugar

PREPARATION

Finely dice the red onions and put them in a bowl with the balsamic vinegar. Add the brown sugar and stir until it has dissolved. Let the marinade infuse for 30 minutes. Shuck the oysters and leave them in the deep halves of their shells. Put one teaspoon of the mixture onto each oyster and serve immediately.

ÆBLE INGEFÆR ØSTERS

**INGREDIENSER
TIL 4 PERSONER**

12 friske østers

1 syrligt æble

et stort stykke frisk ingefær

1 citron

TILBEREDNING

Åbn østersene og skær dem løs. Snit æbler og ingefær fint i små tern og pynt de friske østers med en tredjedel ingefær og to tredjedele æble, plus et par dråber citron. Servér straks.

APFEL INGWER AUSTERN

**ZUTATEN
FÜR 4 PERSONEN**

12 frische Austern

1 saurer Äpfel

*ein großes Stück
frischer Ingwer*

1 Zitrone

ZUBEREITUNG

Die Austern öffnen und lösen. Den Apfel und den Ingwer in feine Streifen schneiden. Die frischen Austern mit einem Teil Ingwer und zwei Teilen Apfel garnieren. Mit einigen Spritzern Zitrone abschmecken und sofort servieren.

APPLE GINGER OYSTERS

**INGREDIENTS
FOR 4 PERSONS**

12 fresh oysters

1 sour apple

1 big piece fresh ginger

1 lemon

PREPARATION

Shuck the oysters and leave them in the deep halves of their shells. Julienne the apple and the ginger. Garnish the oysters with one part ginger and two parts apple. Add lemon juice to taste. Serve immediately.

INGREDIENSER TIL 4 PERSONER

12 friske østers
75 g hvidløgs-/ramsløgssmør
75 g revet parmesanost
50 g lufttørret skinke
(Fanø skinke/parmaskinke)
groft salt

ØSTERS À LA FRANÇAISE

TILBEREDNING

Åbn østersene og skær dem løs. Placer de åbnede østers i groft salt på en bageplade eller grill. Tilsæt to teskefulde hvidløgs-/ramsløgssmør og drys en teskefuld revet parmesanost på hver østers. Gratiner i ovnen i fem minutter. Tænd for grillen og top østersene med et stykke lufttørret skinke. Gratiner i yderligere to minutter til skinken er sprød. Servér straks.

ZUTATEN FÜR 4 PERSONEN

12 Austern
75 g Knoblauch- oder
Bärlauch-Butter
75 g geriebener Parmesan
50 g luftgetrockneter Schinken
(Fanø- oder Parma-Schinken)
grobes Salz

AUSTERN À LA FRANÇAISE

ZUBEREITUNG

Die Austern öffnen, lösen und in den tiefen Schalen auf ein mit grobem Salz bedeckten Backblech oder einen Grill legen. Jede Auster mit zwei Knoblauch- oder Bärlauch-Butterflöckchen belegen. Mit einem Teelöffel geriebenen Parmesan bestreuen und im Ofen fünf Minuten backen. Den Grill einschalten und ein Stück luftgetrockneten Schinken auf die Austern legen. Die Austern etwa zwei Minuten gratinieren bis der Schinken knusprig ist. Danach sofort servieren.

INGREDIENTS FOR 4 PERSONS

12 oysters
75 g garlic or
wild garlic butter
75 g grated parmesan
50 g prosciutto
(Fanø or parma ham)
coarse salt

OYSTERS À LA FRANÇAISE

PREPARATION

Shuck the oysters and leave them in the deep halves of their shells. Top the oysters with two slivers of either garlic or wild garlic butter. Add a teaspoon of grated parmesan and roast in the oven, or cook on the barbecue grill for five minutes. Put a piece of serrano ham on top of each and let them bake another two minutes until the ham is slightly crisp. Serve immediately.

FANØ OYSTER KING

INGREDIENSER TIL 4 PERSONER

12 friske østers

6 jordbær

2 limefrugter

friskkværnet peber

TILBEREDNING

Skær jordbærrene i tynde skiver og placer to til tre skiver på hver østers. Smag til med et par dråber limesaft og friskkværnet peber. Pynt med en tynd limebåd og servér straks.

FANØ OYSTER KING

ZUTATEN FÜR 4 PERSONEN

12 Austern

6 Erdbeeren

2 Limetten

frisch gemahlener Pfeffer

ZUBEREITUNG

Die Austern öffnen, lösen und in den tiefen Schalen belassen.
Die Erdbeeren in dünne Scheiben schneiden und zwei bis drei Scheiben auf jede Auster legen. Mit ein paar Tropfen Limettensaft und frisch gemahlenem Pfeffer abschmecken. Sofort servieren.

FANØ OYSTER KING

INGREDIENTS FOR 4 PERSONS

12 oysters

6 strawberries

2 limes

freshly ground pepper

PREPARATION

Shuck the oysters and leave them in the deep halves of their shells.
Cut the strawberries into thin slices and place two to three of them on each oyster. Add a few drops of lime juice and freshly ground pepper to taste. Serve immediately.

INGREDIENSER TIL 4 PERSONER

12 friske østers

5 cl pastis

5 cl champagne

10 cl piskefløde

100 g fennikel

75 g gulerødder

1–2 små rødløg

1 fed hvidløg

1 syrligt æble

ØSTERS PASTIS

TILBEREDNING

Åbn østersene, skær dem fri og gem de dybe skaller. Skær fennikel, rødløg, gulerødder og hvidløg i små tern.
Opvarm pastissen i en pande, tilsæt østersene uden jomfrusaften og flambér dem. Tag de flamberede østers af panden. Kom så champagnen i panden og tilsæt fennikel, rødløg, gulerødder og hvidløg – lad det koge ind. Hæld dernæst fløden i og reducer saucen yderligere.
Til sidst skæres æblet i tern og varmes i saucen sammen med østersene.
Østersene og saucen serveres straks i de dybe østersskaller.

ZUTATEN FÜR 4 PERSONEN

12 Austern

50 ml Pastis

50 ml Champagner

100 ml Schlagsahne

100 g Fenchel

75 g Karotten

1–2 kleine rote Zwiebeln

1 Knoblauchzehe

1 saurer Apfel

PASTIS AUSTERN

ZUBEREITUNG

Die Austern öffnen, lösen und ohne die Flüssigkeit in eine Schale geben. Die tiefen Austernschalen aufbewahren.
Fenchel, rote Zwiebeln, Karotte und Knoblauch würfeln. Den Pastis in einer Pfanne erhitzen und darin die Austern ohne Flüssigkeit flambieren. Die Austern aus der Pfanne nehmen und ruhen lassen. Den Champagner in die Pfanne geben und anschließend den Fenchel, die roten Zwiebeln, die Karotten und den Knoblauch hinzufügen und einkochen. Mit Sahne ablöschen und reduzieren. Anschließend die Austern und den gewürfelten Apfel in der Sauce erwärmen.
In den tiefen Austernschalen anrichten und sofort servieren.

INGREDIENTS FOR 4 PERSONS

12 oysters

50 ml pastis

50 ml champagne

100 ml cream

100 g fenel

75 g carot

1–2 small red onions

1 garlic clove

1 sour apple

OYSTERS PASTIS

PREPARATION

Shuck the oysters put them into a bowl. Keep the deep halves of the oyster shells.
Dice the fennel, red onion, carrot and garlic. Heat the pastis in a frying pan, and without their liquid, flambé the oysters. Take the oysters out and let them rest. Pour the champagne into the pan, then add the fennel, onion, carrots and garlic and boil. Deglaze the pan with cream and reduce. Add the oysters and the diced apples until just heated through.
Serve immediately in the deep oyster shells.

MADE IN U.S.A.
McILHENNY CO.
AVERY ISLAND
LA.
TABASCO
BRAND
GREEN PEPPER SAUCE
MILDER

ØSTERS MED TABASCO

INGREDIENSER TIL 4 PERSONER

12 friske østers

2 limefrugter

Tabasco Green Pepper Sauce

1 Habanero (Chocolate Chili)

TILBEREDNING

Åbn østersene, skær dem fri og lad dem ligge i den dybe skal. Kom et par dråber limesaft og et stænk grøn Tabasco på hver østers. Top med en tynd skive Habanero Chocolate Chili og servér straks. Hvis man ikke kan få Habanero Chocolate Chili, kan andre chili-sorter bruges i stedet for.

TABASCO AUSTERN

ZUTATEN FÜR 4 PERSONEN

12 frische Austern

2 Limetten

Tabasco Green Pepper Sauce

1 Habanero (Chocolate Chili)

ZUBEREITUNG

Die Austern öffnen, lösen, in den tiefen Schalen belassen und mit ein paar Spritzern Limettensaft sowie etwas Tabasco beträufeln. Mit jeweils einer dünnen Scheibe der Habanero Chocolate Chili garnieren und sofort servieren. Falls keine Habanero Chocolate Chili erhältlich ist, kann natürlich auch eine andere Chili-Sorte verwendet werden.

OYSTERS WITH TABASCO

INGREDIENTS FOR 4 PERSONS

12 fresh oysters

2 limes

Tabasco Green Pepper Sauce

1 Habanero (Chocolate Chili)

PREPARATION

Shuck the oysters and leave them in the deep halves of their shells. Add a few squeezes of lime juice and sprinkles of tabasco sauce. Top with a thin slice of habanero chocolate chili or if unavailable, another type of chili.

INGREDIENSER
TIL 4 PERSONER

12 friske østers

150 g gorgonzola

ØSTERS GORGONZOLA

TILBEREDNING

Åbn østersene og skær dem fri. Lad østersene ligge i den dybe skal og læg dem på en bageplade eller grillen. Kom én teske gorgonzola på hver østers og gratinér til gorgonzolaen er smeltet. Serveres varme.

ZUTATEN
FÜR 4 PERSONEN

12 frische Austern

150 g Gorgonzola

AUSTERN GORGONZOLA

ZUBEREITUNG

Die Austern öffnen, lösen und in den tiefen Schalen auf ein Backblech oder den Grill legen. Auf jede Auster einen Teelöffel Gorgonzola geben und so lange garen bis der Käse geschmolzen ist. Heiß servieren.

INGREDIENTS
FOR 4 PERSONS

12 fresh oysters

150 g Gorgonzola

OYSTERS GORGONZOLA

PREPARATION

Shuck the oysters and leave them in the deep halves of their shells, then place them on a griddle or barbecue grill. Top each oyster with one teaspoon of Gorgonzola and cook until the cheese is melted. Serve warm.

ØSTERS RUSSISK ROULETTE

INGREDIENSER TIL 1 SHOT

1 lille frisk østers

4 cl god Russisk vodka

1 rød chili

1 gul chili

1 grøn chili

Tabasco Green Pepper Sauce

TILBEREDNING

Åbn østersene, skær dem fri og lad dem ligge i den dybe skal. Skær chilierne i fine tern, og kom dem i et stort shotglas. Tilsæt vodkaen og et stænk grøn tabasco og lad det trække i fryseren i 10 minutter. Placér østersen i dens skal på shotglasset og servér. Skål!

AUSTERN RUSSISCH ROULETTE

ZUTATEN FÜR 1 SHOT

1 kleine frische Auster

4 cl guter Russischer Wodka

1 rote Chili

1 gelbe Chili

1 grüne Chili

Tabasco Green Pepper Sauce

ZUBEREITUNG

Die Auster öffnen, lösen und in der tiefen Schale belassen. Die Chilis in feine Würfel schneiden und in ein großes Schnapsglas geben. Wodka und einen Spritzer vom Tabasco hinzufügen und für zehn Minuten im Gefrierschrank ziehen lassen. Die Auster in der Schale auf das Schnapsglas legen und servieren. Prost!

OYSTER RUSSIAN ROULETTE

INGREDIENTS FOR 1 SHOT

1 small fresh oyster

4 cl good Russian Vodka

1 red chili

1 yellow chili

1 green chili

Tabasco Green Pepper Sauce

PREPARATION

Shuck the oyster and leave it in the deep half of its shell. Finely dice the chilis and place them in a big shot glass. Add the vodka, and a few splashes of tabasco sauce and leave the glass in the freezer for ten minutes. Place the oyster in its shell on top of the shot glass and serve. Cheers!

INGREDIENSER TIL 4 PERSONER

12 friske østers

150 g soltørrede tomater

100 g sorte oliven

½ tsk chili flager

1 tsk friskkværnet peber

1 fed hvidløg

100 g Græsk feta

ØSTERS PRIAPOS

TILBEREDNING

Soltørrede tomater, sorte oliven, chili flager, peber og hvidløg blendes, indtil de har den rette konsistens. Placer de åbnede østers i groft salt på en bageplade. Hver østers toppes med én til to teske tapenade og en halv teske knust feta. Gratinér østersene i omkring 10 minutter ved 200°C (varmluftovn 180°C). Serveres straks med en østersgaffel eller en teske.

ZUTATEN FÜR 4 PERSONEN

12 Austern

150 g sonnengetrocknete Tomaten

100 g schwarze Oliven

½ TL Chili Flocken

1 TL frisch gemahlener Pfeffer

1 Knoblauchzehe

100 g Griechischer Feta

AUSTERN PRIAPOS

ZUBEREITUNG

Die sonnengetrockneten Tomaten und die Oliven pürieren und mit Chiliflocken, Pfeffer und Knoblauch mischen. Die Austern öffnen, lösen und in den tiefen Schalen belassen.

Ein Backblech mit grobem Salz bedecken und die Austern darauf verteilen. Auf jede Auster ein bis zwei Teelöffel Tapenade und einen halben Teelöffel zerdrückten Feta geben. Die Austern für etwa zehn Minuten bei 200°C (180°C im Umluft-Backofen) gratinieren. Mit einer Austerngabel oder einem Teelöffel sofort servieren.

INGREDIENTS FOR 4 PERSONS

12 oysters

150 g sun-dried tomatoes

100 g black olives

½ tsp chili flakes

1 tsp freshly ground pepper

1 garlic clove

100 g Greek feta

OYSTERS PRIAPOS

PREPARATION

Finely chop the sun-dried tomatoes and the olives and puree them with the chili flakes, pepper and garlic. Shuck the oysters and leave them in the deep halves of their shells.

Place the oysters on a coarse salt covered griddle. Garnish each oyster with one to two teaspoons of the tapenade and crumble some feta cheese on top. Gratiné or grill the oyster for ten minutes at 200°C (180°C in a convection oven). Serve immediately with an oyster fork or teaspoon.

BERUSET ØSTERS

TILBEREDNING

Bland tomatjuice, Tabasco, Worcestershire Sauce, saft af en halv limefrugt og vodka i et stort glas.
Åbn østersen, skær den fri og hæld vandet fra. Kom så østersen i glasset og top med revet peberrod og friskkværnet peber. Servér straks.

INGREDIENSER TIL 1 SHOT

1 frisk østers
4 cl tomatjuice
2 cl vodka
1 cl Worcestershire Sauce
2 stænk Tabasco Red Pepper Sauce
½ tsk peberrod
½ citron
friskkværnet peber
lidt sellerisalt

BERAUSCHTE AUSTER

ZUBEREITUNG

Tomatensaft, Tabasco, Worcestershire Sauce und den Saft einer halben Zitrone sowie den Wodka in einem großen Glas mischen.
Die Auster öffnen, lösen, abgießen und in das Glas geben. Mit geriebenem Meerrettich, Selleriesalz und frisch gemahlenem Pfeffer würzen.
Sofort servieren.

ZUTATEN FÜR 1 SHOT

1 frische Auster
4 cl Tomatensaft
2 cl Wodka
1 cl Worcestershire Sauce
2 Spritzer Tabasco Red Pepper Sauce
½ TL frischer Meerretich
½ Zitrone
frisch gemahlener Pfeffer
etwas Selleriesalz

INTOXICATED OYSTER

PREPARING

Pour the tomato juice, Tabasco, Worcestershire Sauce, juice of half a lemon, and vodka into a large glass and mix.
Shuck the oyster, then let the oyster slide into the glass. Season with grated horseradish, celery salt and freshly ground pepper.
Serve immediately.

INGREDIENTS FOR 1 SHOT

1 fresh oyster
4 cl tomato juice
2 cl vodka
1 cl Worcestershire Sauce
2 splashes Tabasco Red Pepper Sauce
½ tsp fresh horseradish
½ lemon
freshly ground pepper
a little bit of celery salt

INGREDIENSER TIL 1 BURGER

4 store friske østers
250 g hvedemel
7 g kartoffelmel
3 g bagepulver
1,5 dl danskvand
1 stor burgerbolle
2 dl neutral rapsolie
50 g durummel
100 g nordsørejer
1 stor tomat
1 lille pose babyspinat

ØSTERS BURGER

TILBEREDNING

Åbn Østersene og skær dem fri. Mel, kartoffelmel, bagepulver og danskvand blandes, til dejen får en pandekagedejsagtig konsistens. Østersene vendes i dejen og friteres gyldne i olien ved 180°C. Nordsørejerne vendes i durummelet og friteres også.
Burgerbollen varmes og belægges med babyspinat, østers, nordsørejer og tomatskiver. Kan toppes med kveller.

ZUTATEN FÜR 1 BURGER

4 große frische Austern
250 g Weizenmehl
7 g Kartoffelmehl
3 g Backpulver
150 ml Wasser mit Kohlensäure
1 großes Burgerbrötchen
200 ml neutrales Rapsöl
50 g Durum-Mehl
100 g Nordseekrabben
1 große Tomate
1 Handvoll Babyspinat

AUSTERN BURGER

ZUBEREITUNG

Die Austern öffnen, lösen und ruhen lassen. Weizen- und Kartoffelmehl mit dem Backpulver und dem Wasser zu einem pfannkuchenartigen Teig vermischen. Die Austern im Teig wenden und anschließend in 180°C heißem Öl golden frittieren. Die Nordseekrabben im Durum-Mehl wenden und anschließend ebenfalls frittieren.
Das Burgerbrot erwärmen und mit dem Babyspinat, den Austern und den Nordseekrabben sowie den Tomaten belegen. Falls vorhanden kann der Burger noch mit Queller verfeinert werden.

INGREDIENTS FOR 1 BURGER

4 large fresh oysters
250 g wheat flour
7 g potato flour
3 g baking powder
150 ml carbonated water
1 large burger bun
200 ml neutral rapeseed oil
50 g durum flour
100 g shrimps
1 large tomato
1 handful of baby spinach

OYSTERS BURGER

PREPARATION

Shuck the oysters and let them rest. Mix the wheat flour, the potato flour with baking soda and the water and form into a pancake dough. Heat the oil to 180°C. Now dip the oysters in the batter and deep fry them in the hot oil. Cover the shrimps with durum flour and also deep fry.
Toast the burger bread and top with the baby spinach, oysters, shrimps and tomatoes. If available the burger can be refined with samphire.

ØSTERS & LAMME HOTDOG CODY

TILBEREDNING

Skær bladselleri, rødløg og æble meget fint. Bland dem med de øvrige relish-ingredienser, og lad relishen trække i køleskabet i mindst tre timer.
Åbn østersene og skær dem fri. Kog østersene i deres egen saft i cirka fem minutter.
Lad dem køle af. Skær løg, gulerod, bacon og hvidløg i meget fine tern og sautér dem i baconfedtet. Lad blandingen også køle af.
Bland lammekødet med én spiseske salt i en røremaskine, tilføj så løg-gullerød-bacon-hvidløgs-blandingen. Hak østersene groft og bland dem forsigtigt i farsen.
Skyl tarmen med koldt saltvand. Sæt tarmen på en sprøjtepose og fyld den forsigtigt med farsen. Drej tarmen af med cirka 15 cm mellemrum, for at få passende store pølser. Prik små huller i skindet, så pølserne ikke sprækker. Grill pølserne eller steg dem på en pande.

INGREDIENSER TIL 12 HOTDOGS

15 store friske østers
2 løg
2 gulerødder
100 g røget bacon
4 fed hvidløg
600 g hakket lammekød
1 spsk salt
2 m svinetarm
12 gode hotdog brød
1 spsk salt
1 bundt kveller
Æble chili relish:
100 g bladselleri
50 g æble
50 g rødløg
20 g Rudbecks chilikompot
1 dl rørsukker
1 dl æbleeddike

AUSTERN & LAMM HOTDOG CODY

ZUBEREITUNG

Alle Zutaten für das Relish fein schneiden, mischen und mindestens drei Stunden im Kühlschrank ziehen lassen.
Austern öffnen, lösen und fünf Minuten im eigenen Saft kochen. Abkühlen lassen.
Zwiebeln, Karotten, Speck und Knoblauch sehr fein würfeln und sautieren. Auch diese Mischung abkühlen lassen.
Das Lammfleisch mit einem Esslöffel Salz in einer Rührmaschine gut durchmischen. Die Zwiebel-Karotten-Knoblauch-Mischung dazu geben. Austern grob hacken und vorsichtig unter die Masse mischen.
Den Schweinedarm in kaltem Wasser ausspülen und mit Hilfe einer Spritztüte mit der Masse befüllen. Alle 15 cm den Darm zu Würstchen drehen. Mit einem Metallspieß einige kleine Löcher in jede Wurst stechen.
Die Wurst auf dem Grill oder in der Pfanne zubereiten. Die Hot Dog-Brötchen erwärmen, einschneiden und die Wurst hinein legen.
Vor dem Servieren mit dem Relish und dem Queller garnieren.

ZUTATEN FÜR 12 HOT DOGS

15 große frische Austern
2 Zwiebeln
2 Karotten
100 g geräuchter Speck
4 Knoblauchzehen
600 g gehacktes Lammfleisch
1 EL Salz
2 m Naturschweinedarm
12 gute Hot Dog Brötchen
1 Bund Queller
Apfel-Chili-Relish:
100 g Sellerie
50 g Apfel
50 g Zwiebel
20 g Rudbecks Chili-Kompott
85 g Rohrzucker
100 ml Apfelessig

INGREDIENTS FOR 12 HOT DOGS

15 large fresh oysters

2 onions

2 carrots

100 g smoked bacon

4 cloves garlic

600 g minced lamb

1 tablespoon salt

2 m natural pig intestines

12 good hot dog buns

1 bunch samphire

Apple chilli relish:

100 g celery

50 g apple

50 g onion

20 g Rudbecks chili compote

85 g cane sugar

100 ml apple cider vinegar

OYSTERS HOTDOG CODY

PREPARATION

Finely chop all the ingredients for the relish, mix and refrigerate for at least three hours.

Shuck the oysters and boil them in their own liquid for five minutes then let them cool.

Finely chop the onions, carrots, bacon, garlic and sauté everything together. Let this mixture cool down as well.

Mix the lamb mince together with a tablespoon of salt and the onion-carrot-garlic-bacon mixture in a blender. Coarsely chop the oysters and gently fold into the mixture.

Rinse the pork casing in cold water and fill with the mixture using a piping bag. Turn the casing every 15 cm to make sausages. Pierce the sausages a couple of times with a metal skewer.

Cook on a grill or in the frying pan. Toast the hot dog buns and place the sausages in them. Garnish before serving with the relish and the samphire.

INGREDIENSER
TIL 4 PERSONER

12 friske østers
500 g spinat
1 løg
1 fed hvidløg
1 spsk revet pecorino
30 g usaltet smør
4 spsk crème fraîche
1 knivspids revet muskatnød
salt
friskkværnet peber

ØSTERS LA RAMEAUDIÈRE

TILBEREDNING

Skær løg og hvidløg i fine tern og sauter dem i usaltet smør, tilsæt spinat og smag til med salt, peber og revet muskatnød. Åbn østersene, skær dem fri og gem den rengjorte dybe halvdel af skallen. Forvarm ovnen til 180°C og fordel spinaten i østersskallerne. Placér en østers på spinaten i hver østersskal. Bland crème fraîche med reven pecorino og smag til med salt og friskkværnet peber. Hæld blandingen over østersene og gratinér midt i ovnen i fire til fem minutter. Serveres varme med en østersgaffel eller en teske.

ZUTATEN
FÜR 4 PERSONEN

12 frische Austern
500 g Spinat
1 Zwiebel
1 Knoblauchzehe
1 EL geriebener Pecorino
30 g ungesalzene Butter
4 EL Crème fraîche
1 Messerspitze geriebene Muskatnuss
Salz
frisch gemahlener Pfeffer

AUSTERN LA RAMEAUDIÈRE

ZUBEREITUNG

Zwiebel und Knoblauch fein würfeln und in der ungesalzenen Butter sautieren. Den Spinat zugeben und mit Salz, Pfeffer und Muskatnuss abschmecken.
Austern öffnen, lösen und abtropfen lassen. Die tiefen Schalen aufbewahren und säubern. Den Backofen auf 180°C vorwärmen und den Spinat gleichmässig in den tiefen Austernschalen verteilen. Je eine Auster auf den Spinat geben. Crème fraîche mit dem geriebenen Pecorino vermischen und mit frisch gemahlenem Pfeffer und Salz abschmecken. Die Masse auf die Austern geben und die gefüllten Schalen im Ofen vier bis fünf Minuten gratinieren. Mit einer Austerngabel oder einem Teelöffel heiß servieren.

INGREDIENTS
FOR 4 PERSONS

12 fresh oysters
500 g spinach
1 onion
1 garlic clove
1 tbsp grated Pecorino
30 g unsalted butter
4 tbsp crème fraîche
1 pinch of grated nutmeg
salt
freshly ground pepper

OYSTERS LA RAMEAUDIÈRE

PREPARATION

Finely dice the onion and garlic and sauté in the unsalted butter. Add the spinach and season with salt, pepper and nutmeg to taste.
Shuck the oysters and leave them in the deep halves of their shells. Preheat the oven to 180°C. Place the spinach in the deep halves of the shells and add one oyster each. Mix the crème fraîche with the grated pecorino and season with freshly ground pepper and salt. Cover the spinach and oysters with the mixture and gratiné or grill in the oven for four to five minutes. Serve immediately with an oyster fork or teaspoon.

LAKOR

COLIN JOHN SEYMOUR JR. Nordic oyster and seafood aficionado

SCANDINAVIAN ATTRACTION.COM

COLIN JOHN SEYMOUR JR. er britisk, men elsker Skandinavien, i særdeleshed Sydvestjylland hvor han nu bor. Han profilere og promoverer vestkyst-livsstil til besøgende og presse og arbejder med konceptet „Naturen til bords" der splejser natur- og landskabsoplevelser med det kulinariske. Med det ny nordiske køkkens fremmarch er det blevet populært for kokke, borgere og turister at hente deres råvarer direkte i naturen. Sydvestjyllands kystlandskaber har selvsagt masser af spændende strandplanter samt masser af bær og svampe. Mest hyldede af de naturlige råvarer er dog Vadehavsøsters kan findes overalt i tidevandsområderne. Vadehavsøstersen har en dejlig salt-sød, krydret og cremet smag med en snert af honningmelon, og Colin tilbeder dem og deres kulinariske mangfoldighed.

COLIN JOHN SEYMOUR JR. ist Brite, liebt Skandinavien, vor allem Süd-West Dänemark, wo er jetzt wohnt. Er zeigt Besuchern und auch der Presse den Lebensstil der Dänischen Westküste und arbeitet mit dem Konzept „Natur am Tisch", in welchem Natur und kulinarisches Erlebnis miteinander verschmelzen. Als Ergebnis des Vormarschs der neuen nordischen Küche ist es bei Köchen, Bewohnern und Touristen beliebt geworden, die Zutaten direkt in der Natur zu suchen. In den Küstenlandschaften Südwestjütlands findet man sehr viele interessante Strandpflanzen sowie massenhaft Beeren und Pilze. Das am meisten gefeierte natürliche Gut ist jedoch die Wattenmeer- oder Pazifische Felsenauster, die überall in den Gezeitengebieten zu finden ist. Die Wattenmeerauster hat einen schönen süß-salzigen, gewürzten und cremigen Geschmack mit einem Hauch von Honigmelone. Colin verehrt sie, ihre Fülle und kulinarische Vielseitigkeit.

COLIN JOHN SEYMOUR JR. is British, loves Scandinavia, especially South West Denmark where he now resides. He promotes Danish West Coast lifestyle to visitors and press and works with the concept of "Nature at table", merging nature and culinary experiences. With the new Nordic kitchen's advance, it's become popular for chefs, residents and tourists to obtain their raw ingredients directly from nature. Southwest Jutland's coast of course has masses of interesting beach plants as well as masses of berries and mushrooms. But the most acclaimed of the natural raw ingredients is Wadden Sea oysters which can be found everywhere in the tidal water areas. Wadden Sea oyster has a delicious sweet briny taste with a creamy, herbaceous flavour with a hint of honeydew melon and Colin worships them, their abundance and culinary versatility.

INGREDIENSER TIL 4 PERSONER

12 friske østers
250 ml piskefløde, 50%
6 spsk Fino sherry
2 håndfuld baby spinat
en knivspids havsaltflager
en knivspids friskkværnet peber
en knivspids revet muskat nød
1 tsp Dijonsennep
2 tsp lemon juice

GRILLEDE SHERRY FLØDE ØSTERS MED SPINAT

TILBEREDNING

Tænd grillen. Hæld sherry og fløde i en lille gryde, tilsæt salt og peber og reducér til det halve på den varme grill eller på komfuret. Tilsæt spinat, sennep og citronsaft og kog den i saucen til den er faldet sammen.
Åbn østersene, hæld vandet fra og skær dem fri. Lad dem ligge i den dybe skal. Hæld én spiseske sherry-fløde-spinatsauce på hver østers. Grill østersene indtil de bliver let gyldne og servér straks.

ZUTATEN FÜR 4 PERSONEN

12 frische Austern
250 ml Sahne, 50%
6 EL Fino Sherry
2 Handvoll Babyspinat
eine Prise Meersalz-Flocken
eine Prise frisch gemahlener Pfeffer
eine Prise gemahlene Muskatnuss
1 TL Dijon Senf
2 TL Zitronensaft

GEGRILLTE SHERRY SAHNE AUSTERN MIT SPINAT

ZUBEREITUNG

Den Grill anheizen. Sherry, Sahne und Zitronensaft in einen kleinen Topf geben. Mit Salz, Pfeffer, Muskatnuss und dem Senf würzen und um die Hälfte reduzieren. Den Spinat, Senf und Zitronensaft hinzufügen und kochen bis der Spinat in der Sauce zusammenfällt.
Die Austern öffen, lösen und in den tiefen Schalen ruhen lassen. Jeweils einen Esslöffel der Sherry-Sahne-Spinat-Sauce auf jede Auster geben. Alle Austern auf den Grill legen und garen bis sie leicht golden sind. Mit einer Austerngabel oder einem Teelöffel servieren.

INGREDIENTS FOR 4 PERSONS

12 fresh oysters
250 ml double cream
6 tbsp Fino sherry
2 handfuls baby spinach
a pinch of sea salt flakes
a pinch of freshly ground pepper
a pinch of grated nutmeg
1 tsp Dijon mustard
2 tsp lemon juice

GRILLED SHERRY CREAM OYSTERS WITH SPINACH

PREPARATION

Light the barbecue grill. Pour the sherry and cream into a small saucepan. Add the seasoning and reduce by half over a hot barbecue grill or stove. Add the spinach to the sauce together with the mustard and the lemon juice and cook until the spinach has wilted. Shuck the oysters and leave them in the deep halves of their shells. Put a tablespoon of the sherry cream and spinach mixture onto each oyster and barbecue until slightly golden. Serve immediately with an oyster fork or a teaspoon.

ROUGH BLOODY MARY ØYSTERS

INGREDIENSER TIL 4 PERSONER

12 østers
3 tomater
2 tsk sukker
2 tsk hvid balsamicoeddike
Tabasco Garlic Pepper Sauce
Worcestershire Sauce
sellerisalt
friskkværnet blandet peber
2 tsk fint revet peberrod
frisk dild
4 stængler frisk selleri
saft og revet skal af en halv citron

TILBEREDNING

Åbn østersene, skær dem fri og lad dem blive i den dybe skal.
Skær tomaterne i fine tern og bland dem med de øvrige ingredienser i en skål. Smag til med tabasco og Worcestershire Sauce. Fordel saucen over østersene med en ske og garnér med revet peberrod og et par kviste dild. Hver portion serveres med en selleristang.

ROUGH BLOODY MARY AUSTERN

ZUTATEN FÜR 4 PERSONEN

12 Austern
3 Tomaten
2 TL Zucker
2 TL weißer Balsamico Essig
Tabasco Garlic Pepper Sauce
Worcestershire Sauce
Selleriesalz
frisch gemahlener bunter Pfeffer
2 TL frischer Meerrettich
frischer Dill
4 Stangen frischer Sellerie
Saft und Zeste einer halben Zitrone

ZUBEREITUNG

Die Austern öffnen, lösen und in den tiefen Schalen belassen.
Die Tomaten in feine Würfel schneiden und mit den restlichen Zutaten in einer Schüssel mischen. Nach Belieben mit Tabasco und Worcestershire Sauce würzen. Mit einem Löffel die Sauce auf den Austern verteilen und mit geriebenem Meerrettich und ein paar Zweigen frischem Dill garnieren. Jede Portion mit einer Selleriestange servieren.

ROUGH BLOODY MARY OYSTERS

INGREDIENTS FOR 4 PERSONS

12 oysters
3 tomatoes
2 tsp sugar
2 tsp white balsamic vinegar
Tabasco Garlic Pepper Sauce
Worcestershire Sauce
celery salt and freshly ground mixed pepper
2 tsp finely grated horseradish
fresh dill
4 fresh stalks of celery
juice and zest of half a lemon

PREPARATION

Shuck the oysters and leave them in the deep halves of their shells.
Dice the tomatoes and mix them with the other ingredients in a bowl. Spice up with Tabasco and Worcestershire Sauce. Spoon the mixture over the oysters and garnish with grated horseradish and a few sprigs of fresh dill to taste. Serve each portion with a stick of celery.

INGREDIENSER
TIL 4 PERSONER

12 østers
4 spsk fint hakket æble
4 spsk fint hakket skrællet agurk
4 spsk god olivenolie
2 tsk citronsaft
fint revet skal af citronen
½ tsk sukker
1 spsk gin
frisk fint revet peberrod

ØSTERS MED ÆBLE, AGURK, GIN OG PEBERROD

TILBEREDNING

Åbn østersene, skær dem løs og lad dem blive i den dybe skaldel. Bland æble, agurk, olie, sukker, gin, saft og fint revet skal af citronen i en skål. Kom et par teskefulde af blandingen på hver østers og pynt med friskrevet peberrod. Servér straks.

ZUTATEN
FÜR 4 PERSONEN

12 Austern
4 EL fein gewürfelter Apfel
4 EL fein gewürfelte geschälte Gurke
4 TL gutes Olivenöl
2 EL Zitronensaft
fein geriebene Zitronenschale
½ TL Zucker
1 EL Gin
fein geriebener frischer Meerrettich

AUSTERN MIT APFEL, GURKE, GIN UND MEERRETTICH

ZUBEREITUNG

Die Austern öffnen, lösen und in den tiefen Schalen belassen. Apfel, Gurke, Öl, Zucker, Gin, Zitronensaft und -schale in einer Schüssel mischen. Ein paar Teelöffel der Mischung über jede Auster geben und mit dem frisch geriebenen Meerrettich garnieren. Sofort servieren.

INGREDIENTS
FOR 4 PERSONS

12 oyster
4 tbsp finely diced apple
4 tbsp finely diced peeled cucumber
4 tsp good olive oil
2 tbsp lemon juice
finely grated rind of a lemon
½ tsp sugar
1 tbsp gin
fresh finely grated horseradish

OYSTERS WITH APPLE, CUCUMBER, GIN AND HORSERADISH

PREPARATION

Shuck the oysters and leave them in the deep halves of their shells. Mix the apple, cucumber, oil, sugar, gin and lemon juice as well as the finely grated rind of the lemon in a bowl. Add a couple teaspoons of the mixture over each oyster and garnish with the freshly grated horseradish. Serve immediately.

VADEHAVS PONZU ØSTERS MED KVELLER

INGREDIENSER TIL 4 PERSONER

12 friske østers
friske ingefær
50 g ørred kaviar
2 dl japansk sojasauce
1 spsk yuzu- eller limejuice
1 spsk citronsaft
6 spsk Mirin
6 spsk sød risvinseddike
4 tsk brun farin
1 spsk sesamolie
1 bundt frisk kveller

TILBEREDNING

Skær ingefæren i meget fine strimler og steg dem i sesamolien til de er gyldne. Bland alle ingredienserne til ponzu (undtagen østers, ingefær og ørred kaviar).

Åbn østersene, skær dem fri og lad dem ligge i den dybe skal. Kom en spiseskefuld ponzu på hver østers. Top med en halv teskefuld ørred kaviar og den stegte ingefær. Servér straks.

WATTENMEER PONZU AUSTERN MIT QUELLER

ZUTATEN FÜR 4 PERSONEN

12 frische Austern
frischer Ingwer
50 g Forellenkaviar
200 ml japanische Sojasauce
1 EL Yuzu- oder Limettensaft
1 EL Zitronensaft
6 EL Mirin
6 EL süßer Reiswein-Essig
4 TL brauner Zucker
1 EL Sesamöl
1 Bund frischer Queller

ZUBEREITUNG

Den Ingwer in sehr feine Streifen schneiden und im Sesamöl golden anbraten.

Die restlichen Zutaten (bis auf die Austern, den Ingwer und den Forellenkaviar) für die Ponzu mischen.

Die Austern öffnen, lösen und in den tiefen Schalen belassen. Auf jede Auster einen Esslöffel der Ponzu geben und mit einem halben Teelöffel des Forellenkaviars sowie dem gebratenen Ingwer garnieren. Sofort servieren.

WADDEN SEA PONZU OYSTERS WITH SAMPHIRE

INGREDIENTS FOR 4 PERSONS

12 fresh oysters
fresh ginger
50 g trout caviar
200 ml japanese soya sauce
1 tbsp yuzu or lime juice
1 tbsp lemon juice
6 tbsp mirin
6 tbsp sweet rice wine vinegar
4 tsp brown sugar
1 tbsp sesame oil
1 bunch fresh samphire

PREPARATION

Julienne the ginger and fry in sesame oil until golden. Mix all the ingredients (except the oysters, ginger and trout eggs) for the ponzu.

Shuck the oysters and leave them in the deep halves of their shells. Add a tablespoon of the ponzu to each oyster. Top with half a teaspoon of trout roe and the fried ginger. Serve immediately.

LAVENDEL LIME MIGNONETTE ØSTERS

TILBEREDNING

Bland alle ingredienserne til mignonetten og stil den i køleskabet i mindst 8 timer. Åbn østersene og lad dem ligge i den dybe skal. Kom én spiseskefuld af mignonetten på hver østers. Servér straks.

INGREDIENSER TIL 4 PERSONER

12 friske østers
2 dl hvidvinseddike
2 spsk limejuice
2 spsk rødvin
1 tsk sukker
1 dl finthakket skalotteløg
½ dl Wormersly Lime sort peber-lavendel-eddike
en knivspids friskkværnet peber
en knivspids salt
en knivspids lavendelblomster

LAVENDEL LIMETTEN MIGNONETTE AUSTERN

ZUBEREITUNG

Alle Zutaten für die Mignonette mischen und für mindestens acht Stunden kühl stellen.
Die Austern öffnen, lösen und in ihren tiefen Schalen ruhen lassen.
Mit jeweils einem Esslöffel der Mignonette garnieren und sofort servieren.

ZUTATEN FÜR 4 PERSONEN

12 frische Austern
200 ml Weißweinessig
2 EL Limettensaft
2 EL Rotwein
1 TL Zucker
65 g fein gehackte Schalotten
50 ml Wormersly Lime schwarzer Pfeffer-Lavendel-Essig
eine Prise frisch gemahlener Pfeffer
eine Prise Salz
eine Prise getrocknete Lavendelblüten

LAVENDER LIME MIGNONETTE OYSTERS

PREPARATION

Mix all the ingredients for the mignonette and refrigerate at least eight hours in order for the flavours to blend.
Shuck the oysters and leave them in the deep halves of their shells. Add one tablespoon of the mignonette to each oyster. Serve immediately.

INGREDIENTS FOR 4 PERSONS

12 fresh oysters
200 ml white wine vinegar
2 tbsp lime-juice
2 tbsp red wine
1 tsp sugar
65 g finely chopped shallots
50 ml Wormersly Lime black pepper and lavender vinegar
a pinch of freshly ground mixed peppercorns
a pinch of salt
dried lavender flowers

Classics

ØSTERS KLASSISK MED CITRON

INGREDIENSER TIL 4 PERSONER

12 friske østers

3 citroner

TILBEREDNING

Åbn østersene, skær dem fri og lad dem ligge i den dybe skal. Skær to af citronerne i 12 små både. Del den tredje citron i to og kom et par dråber citronsaft på hver østers. Pynt østersene med en citronbåd og servér straks.

KLASSISCHE AUSTERN MIT ZITRONE

ZUTATEN FÜR 4 PERSONEN

12 frische Austern

3 Zitronen

ZUBEREITUNG

Die Austern öffnen und lösen. Zwei Zitronen in 12 kleine Spalten schneiden. Die dritte Zitrone halbieren und mit ihr einige Tropfen Saft auf jede Auster träufeln. Jede Auster mit einem kleinen Zitronenschiffchen garnieren und sofort servieren.

CLASSIC OYSTERS WITH LEMON

INGREDIENTS FOR 4 PERSONS

12 fresh oysters

3 lemons

PREPARATION

Shuck the oysters and leave them in the deep halves of their shells. Cut two lemons into 12 quarters. Use the third lemon to sprinkle a few drops onto the oysters. Garnish the oysters with a piece of lemon and serve immediately.

ØSTERS ROCKEFELLER

INGREDIENSER TIL 4 PERSONER

12 østers
2 spsk pastis
2 dl piskefløde
1 æggeblomme
1 stk finthakket forårsløg
1 stk finthakket skalotteløg
1 fed hvidløg
1 tsk usaltet smør
200 g babyspinat
50 g finthakket persille
peber
muskatnød

TILBEREDNING

Kom smørret på en pande, og sauter forårsløg og hvidløg let. Hak spinaten groft og sautér den med. Tag af panden af komfuret, når spinaten er faldet sammen og hæld forsigtigt væsken fra. Tilsæt en knivspids revet muskat og den hakkede persille.

Åbn østersene, skær dem fri og sigt østersvandet ned i en lille gryde. Gem de dybe skaller. Varm østersvandet op, og pochér østersene heri i 20 til 30 sekunder. Tag østersene op, og sæt dem til side. Kom skalotteløg og pastis i vandet. Lad det reducere til det halve. Tilsæt piskefløde, og lad det reducere lidt mere. Tag derefter gryden af blusset og tilsæt æggeblommen under omrøring. Smag til med friskkværnet sort peber.

Kom en lille spiseske spinat i bunden af hver østersskal, læg én østers på spinaten og top østersene med saucen. Gratinér østersene i ovnen til toppingen et lysebrun. Servér straks.

AUSTERN ROCKEFELLER

ZUTATEN FÜR 4 PERSONEN

12 Austern
2 EL Pastis
200 ml Sahne
1 Eigelb
3 fein gehackte Frühlingszwiebeln
1 fein gehackte Schalotte
1 Knoblauchzehe
1 TL ungesalzene Butter
200 g Babyspinat
50 g Petersilie
Pfeffer
Muskatnuss

ZUBEREITUNG

Butter in einer Pfanne erhitzen. Darin die Frühlingszwiebeln und den Knoblauch leicht anschwitzen. Spinat grob hacken und zufügen. Sobald der Spinat zusammengefallen ist, die Mischung vom Herd nehmen und die Flüssigkeit abgießen. Mit einer Messerspitze geriebener Muskatnuss würzen und die gehackte Petersilie zugeben.

Die Austern öffnen, lösen und in einem Sieb abtropfen lassen. Die tiefen Austernschalen aufheben. Das abgetropfte Wasser in einem kleinen Topf auffangen und erwärmen. Die Austern darin 20 bis 30 Sekunden pochieren, danach beiseite stellen. Schalotten und Pastis im Austernfond erwärmen. Sahne dazu geben und reduzieren. Danach den Topf vom Herd nehmen. Eigelb unter ständigem Rühren hinzugeben. Mit fein gemahlenem schwarzen Pfeffer abschmecken.

Einen kleinen Löffel der Spinatmischung in jede Austernschale geben, darauf die Auster platzieren. Die Austern mit der Sauce bedecken und im Ofen gratinieren bis die gewünschte Färbung erreicht ist. Sofort servieren.

INGREDIENTS FOR 4 PERSONS

12 oysters
2 tablespoons pastis
200 ml whipping cream
1 egg yolk
3 finely chopped spring onions
1 shallot
1 garlic clove
1 teaspoon unsalted butter
200 g baby spinach
50 g finely chopped parsley
pepper
nutmeg

OYSTERS ROCKEFELLER

PREPARATION

Slightly sauté the chopped spring onions and the finely cut garlic with butter in a pan. Add the coarsely chopped spinach. Take the pan off the heat as soon as the spinach has wilted and drain the liquid. Add the chopped parsley and season with a pinch of grated nutmeg.

Shuck the oysters and save the liquid in a small pot. Keep the deep halves of the shells. Poach the oyster for 20 to 30 seconds in their heated liquid and take them out. Heat the shallots and the Pastis in the oyster broth, then add the cream and let it boil down. Take the pot off the heat and add the egg yolks while constantly stirring. Season with finely ground pepper.

Place a tablespoon of the spinach and an oyster in each shell. Cover the oysters with sauce and gratiné or grill in the oven until the desired result is achieved. Serve immediately.

ØSTERS KILPATRICK

INGREDIENSER TIL 4 PERSONER

12 friske østers
80 g bacon
40 g usaltet smør
Worcestershire Sauce
Tabasco Red Pepper Sauce

TILBEREDNING

Skær bacon i fine tern og rist dem. Åbn østersene og skær dem fri. Top hver østers med en teskeful ristet bacon, en halv teske usaltet smør, fire stænk Worcestershire Sauce og cirka to stænk Tabasco. Gratiner i grill i fem minutter. Servér straks.

AUSTERN KILPATRICK

ZUTATEN FÜR 4 PERSONEN

12 frische Austern
80 g durchwachsener Speck
40 g ungesalzene Butter
Worcestershire Sauce
Tabasco Red Pepper Sauce

ZUBEREITUNG

Die Austern öffnen, lösen und ruhen lassen. Den Speck würfeln und in der Pfanne anbraten. Jede Auster mit einem Teelöffel Speck, einem halben Teelöffel ungesalzener Butter, ungefähr vier Spritzern Worcestershire Sauce sowie zwei Spritzern Tabasco würzen. Anschließend im Ofen oder auf dem Grill fünf Minuten gratinieren und sofort servieren.

OYSTERS KILPATRICK

INGREDIENTS FOR 4 PERSONS

12 fresh oysters
80 g streaky bacon
40 g unsalted butter
Worcestershire sauce
Tabasco Red Pepper Sauce

PREPARATION

Shuck the oysters and leave them in the deep halves of thier shells. Dice and fry the bacon. Add one teaspoon of the bacon and half a teaspoon of unsalted butter to each oyster. Top with approximately four splashes of Worcestershire Sauce and two splashes of Tabasco. Gratiné or grill the oysters for five minutes in the oven and serve immediately.

HOME
86
ICEC

A DE
R EAM

Oyster King
&
Friends

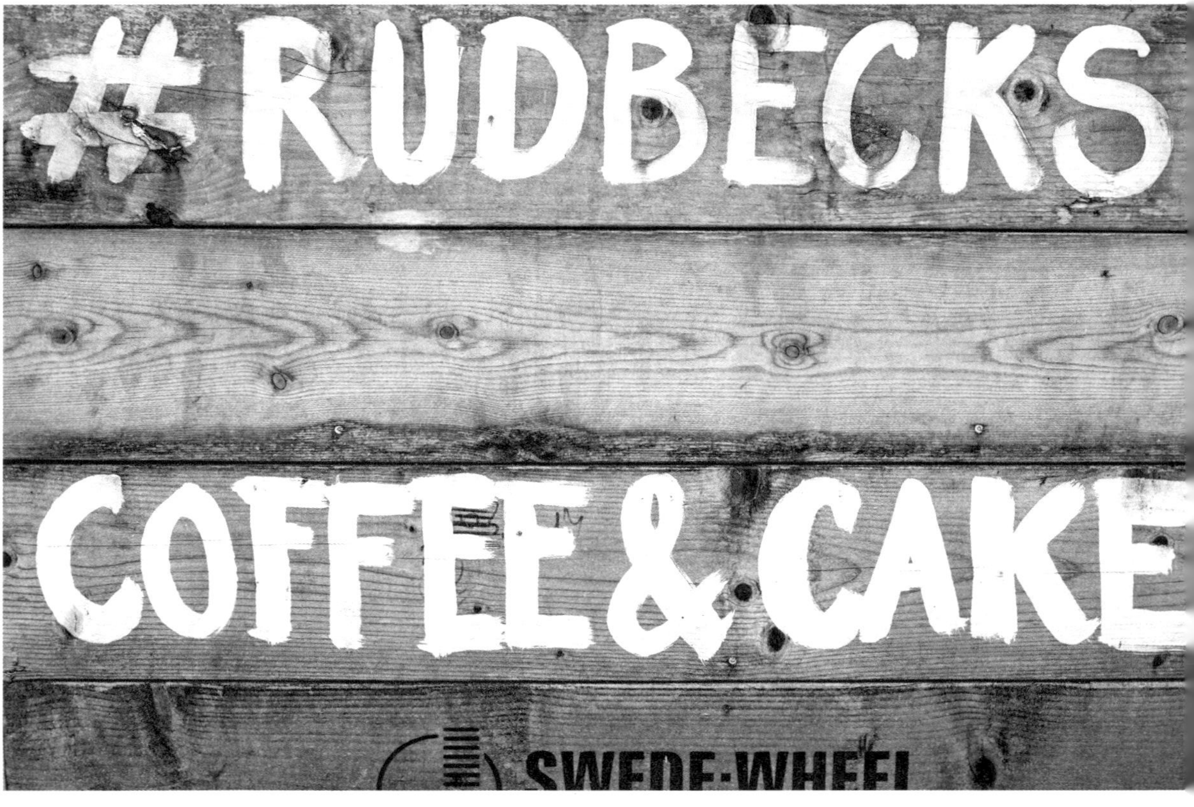
#RUDBECKS
COFFEE & CAKE

OM RUDBECKS OST & DELI Med en baggrund i landbruget er forståelsen for råvarerne integreret i hele familien, og hos Rudbecks Ost & Deli har vi fokus på en helstøbt oplevelse – hele vejen fra jord til bord. Vi sætter ære i at bruge de fremragende lokale råvarer, som vi med glæde og innovation videreudvikler til både klassiske smagsoplevelser, men også nye og spændende varianter. Vi bruger tid på maden, kunderne og ikke mindst oplevelsen, fordi vi brænder for det og med fordybelsen kommer det unikke frem. Det er netop det, der er vores ønske at servere for Jer.

ÜBER RUDBECKS OST & DELI Mit unserer Erfahrung in der Landwirtschaft haben wir ein besonderes Verständnis für die von uns genutzten Rohstoffe und deren Weg vom Erzeuger zum Verbraucher. Wir sind stolz auf die von uns verwendeten lokalen Produkte, die wir sowohl als klassisches Geschmackserlebnis wie auch als neue und spannende Variante anbieten. Wir nehmen uns viel Zeit sowohl bei der Herstellung unserer Produkte, als auch für unsere Kunden. Unser Geschäft ist unsere Leidenschaft und es ist uns wichtig unseren Gästen ein kulinarisches Erlebnis zu bieten.

ABOUT RUDBECKS OST & DELI With our experience in agriculture we have a particular understanding for managing the raw materials on their way from production to the consumer. We are proud of the local products we use to create classic taste experiences as well as new and exciting variations. We take our time in preparation of our products but also with our customers. Our deli is our passion and it is very important for us to be able to offer our guests a special culinary experience.

RUDBECKS OST & DELI
Edit, Niels Christian,
Tilde & Line
Hovedgaden 90
DK-6720 Fanø
Tlf. +45 24 93 85 05
nc@rudbecks.dk

RUDBECKS.DK

RUDBECKS OST & DELI ØSTERS ICE

INGREDIENSER TIL 4 PERSONER

1 cl østers vand
2 dl gulerodssaft
2 dl appelsinsaft
3 cl havtornsaft
1 cl citronsaft
2 dl vand
100 g glukose
5 g Johannesbrødkærnemel
50 g sukker

TILBEREDNING

Alle ingredienser – på nær johannesbrødkærnemel og sukker – blandes godt og røres indtil kogepunktet. Den varmede masse blandes med de sidste ingredienser og køles ned i ismaskinen.

RUDBECKS OST & DELI AUSTERN EIS

ZUTATEN FÜR 4 PERSONEN

10 ml Austernwasser
200 ml Karottensaft
200 ml Orangensaft
30 ml Sanddornsaft
10 ml Zitronensaft
200 ml Wasser
100 g Glukose
5 g Johannisbrotkernmehl
50 g Zucker

ZUBEREITUNG

Alle Zutaten – bis auf das Johannisbrotkernmehl und den Zucker – gut miteinander mischen und unter ständigem Rühren bis zum Siedepunkt erhitzen. Die erwärmte Masse mit den beiden noch fehlenden Zutaten vermischen, in die Eismaschine geben und durchkühlen lassen.

RUDBECKS OST & DELI OYSTER ICE

INGREDIENTS FOR 4 PERSONS

10 ml oyster water
200 ml carrot juice
200 ml orange juice
30 ml sea buckthorn juice
10 ml lemon juice
200 ml water
100 g glucose
5 g carob gum
50 g sugar

PREPARATION

Mix all ingredients – except for the carob gum and sugar – and heat, stirring constantly, until the mixture boils. Add the remaining ingredients and mix, placing in an ice cream machine to cool.

INGREDIENSER
TIL 4 PERSONER

12 østers
1 kg tomater
1 mango
1 red savina chili
20 g ingefær
¼ l fløde
1 spsk æbleeddike
1 stort løg
3 fed hvidløg
1 spsk sukker
1 tsk salt / 1 tsk peber
rugbrød, Læsø sydesalt, olie

HOT TOMAT MANGO SUPPE

TILBEREDNING

Tomater koges op med mango, red savina chili, ingefær, fløde, æbleeddike, løg, hvidløg, sukker, salt, peber, alt blendes godt og sies igennem et klæde. Kog op og tilsæt østersene kort før servering.
Daggammelt rugbrød, skæres tyndt på pålægsmaskine, sprayes med olie og drysses med Læsø sydesalt, bages på bagerist v/200°C i 7 min. til de er sprøde. Serveres med friske urter.

ZUTATEN
FÜR 4 PERSONEN

12 Austern
1 kg Tomaten
1 Mango
1 Red Savina Chili
20 g Ingwer
250 ml Sahne
1 EL Apfelessig
1 große Zwiebel
3 Knoblauchzehen
1 EL Zucker
1 TL Salz / 1 TL Pfeffer
Körnerbrot, Læsø Salz, Öl

HEISSE TOMATEN MANGO SUPPE

ZUBEREITUNG

Tomaten, Mango, Chili, Ingwer, Zwiebeln und Knoblauch klein schneiden und mit dem Apfelessig aufkochen. Mit der Sahne ablöschen und mit Zucker, Salz und Pfeffer würzen. Die Suppe durch ein Tuch passieren und noch einmal aufkochen.
Kurz vor dem Servieren die Austern öffnen, lösen und ohne die Flüssigkeit in der heißen Suppe ziehen lassen.
Brot vom Vortag dünn schneiden, mit Öl besprühen und mit Læsø Salz bestreuen. Die Brotscheiben für sieben Minuten bei 200°C knusprig backen. Mit frischen Kräutern servieren.

INGREDIENTS
FOR 4 PERSONS

12 oysters
1 kg of tomatoes
1 mango
1 red savina chili
20 g ginger
250 ml cream
1 tbsp cider vinegar
1 large onion
3 cloves garlic
1 tbsp sugar
1 tsp salt / 1 tsp pepper
bread, Læsø salt, oil

HOT TOMATO MANGO SOUP

PREPARATION

Finely chop the tomato, mango, chili, ginger, onions, garlic and boil in the apple cider vinegar.
Deglaze the pan with the cream and season with sugar, salt and pepper.
Pass the soup through a cheesecloth and bring to the boil once more.
Shortly before serving, shuck the oysters and let them steep in the hot soup.
Thinly cut some stale bread, sprinkle with oil and season with Læsø salt.
Bake the bread at 200°C for approx. seven minutes or until crisp.
Serve the soup with fresh herbs.

HENNE
KIRKEBY
KRO

OM HENNE KIRKEBY KRO Tæt på Vesterhavet i Henne Kirkeby, ligger en kro, der næsten er naturstridig. Med en hektar køkkenhave uden for døren, de bedste råvarer lige i nabolaget samt Paul Cunningham og hans hold bag komfuret, kan det ikke gå helt galt. Vores restaurant-team hjælper gerne med originale bud på vine, der får oplevelsen til at gå op i en højere enhed. Det hele handler om smag, der skaber glæde. Her gives ofte bud på noget, man ikke vidste, man godt kunne tænke sig.
Med Michelin-kokken Paul Cunningham som køkkenchef går galskaben op i en højere enhed: Saft, kraft og livsglæde kan smages.

HENNE KIRKEBY KRO
Strandvejen 234
DK-6854 Henne
Tlf. +45 75 25 54 00
info@hennekirkebykro.dk

HENNEKIRKEBYKRO.DK

ÜBER DEN HENNE KIRKEBY KRO Unweit der Nordsee in Henne Kirkeby liegt ein Gasthof, der fast naturwidrig zu sein scheint. Mit einem Hektar Küchengarten vor der Haustür, den besten Rohwaren in greifbarer Nähe und Paul Cunningham und seinem Team am Herd kann eigentlich nichts schiefgehen. Das Restaurantteam hat stets originelle Empfehlungen für den Wein, der das kulinarische Erlebnis perfekt macht. Geschmack, der Freude macht,ist das A und O. Hier wird einem oft etwas geboten, von dem man nicht wusste, dass man es mag.
Mit dem Michelin-Koch Paul Cunningham als Küchenchef wird der Wahnsinn zur Methode: Man schmeckt Saft und Kraft und Lebensfreunde.

ABOUT HENNE KIRKEBY KRO Upon Denmark's West coast, in the tiny town of Henne Kirkeby, is an inn that almost defies nature herself. With the 4,000 square meter kitchen garden just outside the door, the very best ingredients are within arms-reach. With Paul Cunningham, and his team behind the stove, it cannot go wrong. Our restaurant team will always present you with an original choice from our cellar, bringing the taste pairings to a higher unity, creating something memorable.
Together with Michelin starred chef Paul Cunningham, the natured union is transformed into a higher unity: the passion, the power and the happiness can be tasted.

ØSTERS MARMITE

INGREDIENSER TIL 4 PERSONER

12 store østers

6 tsk Marmite

6 tsk usaltet smør

TILBEREDNING

Åbn og skær østersene fri. Behold østersvandet og den øverste skal. Kom en halv teskefuld Marmite og en halv teske usaltet smør i hver østers. Luk østersene igen med den øverste skal. Placer østersene på en meget varm grill og tilsæt eventuelt træflies, som vil øge røgaromaet i de færdige østers. Luk grillen og grill østersene i fire til syv minutter, afhængigt af størrelse. Servér straks.

MARMITE AUSTERN

ZUTATEN FÜR 4 PERSOVNEN

12 große Austern

6 TL Marmite

6 TL ungesalzene Butter

ZUBEREITUNG

Die Austern öffnen, lösen und mit der Flüssigkeit in den tiefen Schalen belassen. Den Schalendeckel aufbewahren. Einen halben Teelöffel Marmite und einen halben Teelöffel ungesalzene kalte Butter in jede Austernschale geben. Die Auster mit dem Schalendeckel wieder schließen und auf einen sehr heißen Grill legen. Durch die zusätzliche Verwendung von Holz kann man die Rauchnote bestimmen. Den Grill schließen und die Austern je nach Größe vier bis sieben Minuten garen. Heiß servieren.

OYSTER MARMITE

INGREDIENTS FOR 4 PERSONS

12 large oysters

6 tsp of marmite

6 tsp unsalted butter

PREPARATION

Shuck the oysters and leave them in the deep halves of their shells. Retain the oyster water and the top-shells. Place half a teaspoon of Marmite on each oyster, along with a small cube of cold butter. Cover the oysters with the top-shells. Place them on a very hot barbecue grill. Using wood as well as coal will infuse the finished dish with smoky flavour. Close the barbecue lid, and cook the oysters for 4 to 7 minutes, depending on their size. The butter will melt and gently sauté the oysters, while the hot Marmite will add a rich umami boost. Serve immediately.

PERSILLEPURÉ, ØSTERS OG CRÈME FRAÎCHE

INGREDIENSER TIL 4 PERSONER

4 store østers
1 mellemstort bundt bredbladet persille
1 skalotteløg
1 fed hvidløg
500 ml lys muslingebouillon
crème fraiche, 18%
fennikelpollen eller ristetede, knuste fennikelfrø
sort kaviar

TILBEREDNING

Vask persillen og kog den i cirka to minutter. Så længe vandet er konstant kogende, vil persille ikke miste farven. Afkøl persillen i isvand, dræn og tør den godt.
Finthakkede skalotteløg og hakkede hvidløg sauteres i lidt olivenolie. Tilsæt østersene og lad dem simre i ti minutter.
Kom muslingebouillonen og persillen i en blender, og blend indtil det får en cremet konsistens. Opvarm puréen i allersidste sekund før serveringen. Hvis du varmer den for tidligt eller varmer den for meget, vil den miste farven og smage kedeligt.
Smag puréen til med vandet fra østersene og et stænk citronsaft.
Servér persillepuréen med de let dampede østers og lidt creme fraiche.
Garnér med et lille drys fennikelpollen og sort kaviar.

PETERSILIEN PÜREE, AUSTERN UND CRÈME FRAÎCHE

ZUTATEN FÜR 4 PERSONEN

4 große Austern
1 mittleres Bund glatte Petersilie
1 Schalotte
1 Knoblauchzehe
500 ml leichter Muschelsud
Crème fraiche, 18%
Fenchelpollen oder geröstete, gemahlene Fenchelsamen
schwarzer Kaviar

ZUBEREITUNG

Die Petersilie waschen und in kochendem Wasser für etwa zwei Minuten garen. Solange das Wasser beständig siedet, behält die Petersilie ihre Farbe. Die Petersilie in Eiswasser abschrecken, abtropfen lassen und gut trocknen.
Die fein gehackte Schalotte und den gehackten Knoblauch in etwas Olivenöl dünsten. Die Austern hinzufügen und für zehn Minuten garen.
Den Muschelsud und die Petersilie einige Minuten in einem Haushaltsmixer pürieren bis eine cremige Konsistenz erreicht ist. Kurz vor dem Servieren das Püree erwärmen. Nicht zu früh und nicht zu heiß erhitzen, sonst verliert es die Farbe und schmeckt fad.
Das Püree mit dem Wasser aus den Austern und einem Hauch von Zitronensaft abschmecken. Mit den leicht gedämpft Austern und ein wenig Crème fraîche servieren. Ein wenig Fenchelpollen sowie schwarzer Kaviar verfeinern dieses Gericht.

INGREDIENTS
FOR 4 PERSONS

1 medium bunch of flat leaf parsley
1 shallott
1 clove garlic
500 ml light mussel stock
4 large oysters
crème fraîche organic, 18%
fennel pollen or toasted, crushed fennel seed
black caviar

PARSLEY PUREE, OYSTER AND CRÈME FRAÎCHE

PREPARATION

Wash the parsley and boil tender in rapidly boiling water for around two minutes. As long as the water is constantly boiling, the parsley will not lose it's colour. Refresh the parsley in ice water, drain and dry well. Saute the finely chopped shallott and the chopped garlic in a little olive oil, just soften them, do not brown. Add the mussel stock and simmer for ten minutes.

Add the stock and the parsley to a blender and blend until ultra-smooth, this will take a good few minutes in a household blender. Warm the puree at the very last second before serving, if you warm it too early or warm it too much, it'll lose it's colour and will taste dull.

Season the puree with the water from the oysters and a touch of lemon juice. Serve the parsley puree with lightly steamed oysters, and a little creme fraiche. A little sprinkle of fennel pollen and black caviar to finish.

Sønderho Kro
anno 1722

OM SØNDERHO KRO Et besøg på Fanø og i Sønderho føles, som om tiden har stået stille – fredfyldt ro, en enkelt landevej, små stråtækte huse, klitter, hede og skov så langt øjet rækker. En hyggelig kro, der tilbyder individuelt indrettede værelser, fuldender det maleriske billede.
Sønderho Kro anno 1722 er en af de ældste og bedst bevarede historiske kroer i Danmark. Placeringen er enestående, få meter fra diget, med udsigt over marsken og vadehavet.
Jakob Sullestad og hans team, byder deres gæster velkommen til et uforglemmeligt ophold. Frokosten serveres enten indenfor eller, på varme sommerdage, ude i den smukke have. Middagen – en menu bestående af årstidens bedste friske råvarer efter kokkens valg, parret med vine fra hele verden – nydes af gæsterne i den lille spisestue eller i restaurantens store sal.

SØNDERHO KRO
Jakob Sullestad
Kropladsen 11, Sønderho
DK-6720 Fanø
Tlf. +45 75 16 40 09
mail@sonderhokro.dk

SONDERHOKRO.DK

ÜBER DEN SØNDERHO KRO Ein Besuch auf Fanø und in Sønderho fühlt sich an als wäre die Zeit stehen geblieben – die bezaubernde Ruhe, eine einzige Landstraße, kleine reetgedeckte Häuser, Dünen, Heide und Wäldchen so weit das Auge reicht. Ein gemütlicher Gasthof mit individuell eingerichteten Gästezimmern vollendet das malerische Bild. Der Sønderho Kro Anno 1722 ist einer der ältesten und best bewahrten historischen Gasthöfe Dänemarks. Die Lage ist einmalig, wenige Meter vom Deich entfernt, mit dem Blick auf Marsch und Wattenmeer.
Jakob Sullestad und sein Team bereitet ihren Gästen einen unvergesslichen Aufenthalt. Das Mittagsessen wird entweder drinnen oder an warmen Sommertagen auch im schönen Garten gereicht. Das Abendessen – ein Menü mit den besten frischen Produkten der Saison nach Wahl des Küchenchefs mit Weinen aus der ganzen Welt – genießen die Gäste in den kleinen Stuben oder im großen Saal des Restaurants.

ABOUT SØNDERHO KRO A visit to Sønderho on the island of Fanø is like stepping back in time. The tranquility, a single road, small thatched houses, dunes, heathland and woods as far as the eye can see. A cozy inn, offering individually decorated guest rooms, completes the picturesque image. Sønderho Kro Anno 1722 is one of the oldest and best preserved historic inns in Denmark. The location is superb, a few meters away from the dyke, with views of the marshes and mud flats.
Jakob Sullestad and his team, offer an unforgettable stay to their guests. Lunch is served either inside or on warm summer days in the beautiful garden. For dinner, guests can enjoy the chef's choice of the best fresh, seasonal products and wines from around the world in the dining rooms or the big hall of the restaurant.

ØSTERS WASSARD

INGREDIENSER TIL 4 PERSONER

12 friske østers
1 flaske hvidvin
1 bundt fennikel
2–3 små skalotteløg
urtemayonnaise:
2 æggeblommer
1 tsk Dijonsennep
1 tsk æblecidereddike
1 lille bundt dild
ramsløg / hvidløg
2 dl smagsneutral olie
salt
friskkværnet peber

TILBEREDNING

Urtemayonnaise Æggeblomme, Dijonsennep, æblecidereddike, salt og peber piskes sammen. Olien tilsættes lidt ad gangen, og mayonnaisen piskes forsigtigt, indtil olien er optaget i blandingen. Bliver mayonnaisen for tyk, piskes der nogle dråber vand eller eddike i. Vend forsigtigt dild, ramsløg (hvidløg) i og sæt mayonnaisen i køleskabet.
Læg de hele rensede østers i en stor gryde, dæk dem med hvidvin, og damp dem i 7 til 10 minutter under låg. Skær derefter østersene fri og hak dem groft. Gem den dybe østersskal. De groft hakkede østers vendes forsigtigt i urtemayonnaisen. Kom en spiseske østers-mayonnaise-blanding i den dybe østersskal og top med finthakkede skalotteløg og groft hakket fennikel. Serveres straks.

AUSTERN WASSARD

ZUTATEN FÜR 4 PERSONEN

12 frische Austern
1 Flasche Weißwein
1 Bund Fenchel
2–3 kleine Schalotten
Kräutermayonnaise:
2 Eigelb
1 TL Dijon Senf
1 TL Apfelessig
1 kleines Bund Dill
Bär- oder Knoblauch
200 ml neutrales Öl
Salz
frisch gemahlener Pfeffer

ZUBEREITUNG

Für die Kräutermayonnaise Eigelb, Dijon-Senf, Apfelessig, Salz und Pfeffer verrühren. Das Öl langsam und gleichmäßig unter ständigem Rühren in die Mischung geben bis eine cremige Konsistenz erreicht ist. Wird die Mayonnaise zu dick, ein paar Tropfen Wasser oder Essig hinzufügen. Vorsichtig den Dill, den Bär- oder Knoblauch unterrühren und die fertige Kräutermayonaisse im Kühlschrank kalt stellen.
Die gereinigten Austern in einem großen Topf mit Weißwein aufgießen und für sieben bis zehn Minuten ohne Deckel aufkochen. Danach die Austern lösen, grob hacken und vorsichtig unter die Mayonnaise heben. Jeweils einen Esslöffel der Mischung in eine tiefe Austernschale geben und mit fein gehackten Schalotten und grob gehacktem Fenchel garnieren. Sofort servieren.

INGREDIENTS FOR 4 PERSONS

12 fresh oysters
1 bottle of white wine
1 bunch fennel
2–3 small shallots
herb mayonnaise:
2 egg yolks
1 tsp Dijon mustard
1 tsp apple cider vinegar
1 small bunch of dill
wild garlic or garlic
200 ml neutral oil
salt
freshly ground pepper

OYSTERS WASSARD

PREPARATION

For the herb mayonnaise mix the egg yolk, Dijon mustard, apple cider vinegar, salt and pepper. Add the oil slowly and evenly while constantly stirring until a creamy consistency is achieved. If the mayonnaise is too thick, add a few drops of water or more vinegar. Gently stir in the dill, the wild garlic or garlic and refrigerate.

Place the cleaned oysters in a large pan with the white wine and cook them for seven to ten minutes without a lid. Remove and shuck the oysters, chopping them coarsely and then gently fold them into the mayonnaise. Fill the deep halves of the shells with a tablespoon of the mixture and garnish with finely chopped shallots and roughly chopped fennel. Serve immediately.

ØSTERS LAMMETATAR

INGREDIENSER TIL 4 PERSONER

12 friske østers
200 g hakket lammekød
1 bundt persille
1 spsk Dijonsennep
salt
friskkværnet peber

TILBEREDNING

Åbn østersene, hæld jomfrusaften fra og skær østersene fri. Gem de dybe skaller. Hak østersene groft og bland dem derefter forsigtigt med det hakkede lammekød. Tilsæt persille, Dijonsennep og smag til med salt og friskkværnet peber. Serveres straks i de dybe østers skaller.
Hvis det er tilgængeligt makulere uaktuelle brød i Multi Hacker og drys over østers. Serveres med ovnbagte pastinak chips.

AUSTERN LAMMTATAR

ZUTATEN FÜR 4 PERSONEN

12 frische Austern
200 g Lammhack
1 Bund Petersilie
1 EL Dijon Senf
Salz
frisch gemahlener Pfeffer

ZUBEREITUNG

Die Austern öffnen, lösen und abgießen. Die tiefen Schalen aufbewahren. Das grob gehackte Austernfleisch mit dem fein gehackten Lammfleisch vorsichtig mischen und mit Petersilie, Dijon Senf, Salz und frisch gemahlenem Pfeffer abschmecken. Sofort in den tiefen Schalen servieren.
Falls vorhanden Brot vom Vortag im Multihacker zerkleinern und über die angerichteten Austern streuen. Mit im Ofen gebackenen Pastinakenchips reichen.

OYSTERS LAMB TARTARE

INGREDIENTS FOR 4 PERSONS

12 fresh oysters
200 g minced lamb
1 bunch of parsley
1 tbsp Dijon mustard
salt
freshly ground pepper

PREPARATION

Shuck the oysters and remove them from their shells. Keep the deep halves of the shells. Chop the oysters coarsely. Gently mix the coarsely chopped oyster meat with the minced lamb. Add the parsley, Dijon mustard, salt and freshly ground pepper to taste. Serve immediately in the deep halves of the shells with oven-baked parsnip chips on the side.
If available tear some stale bread into pieces and place in a food processor and chop until breadcumbs, scattering over the shells when complete.

SURFER DUDE
BRIAN's
WAY OF
LIFE
EAT DRINK COOK

Brian's
STEAK & LOBSTER

HUMMER, CHAMPAGNE & KLIPKLAPPER er mottoet hos Brian's Steak & Lobster. Og dette koncept gennemføres til fulde også rent faktisk af restaurantens sympatiske vært, Brian. Hvad enten man er forretningsmand eller surfer, her kan alle lære at „chille" på højt niveau. I hyggelig sommerhus atmosfære kan bøffer, burgere og hummer, som bliver er blevet tilberedt i en Josper ovn, nydes. Ovnen er specielt importeret fra Spanien. Trækullet i ovnen giver en helt særlig røget grillsmag, som man kan opleves to steder i Tyskland – og Brian's er et af dem. Derudover har Brian's et imponerende udvalg af champagne og vin, samt en hyggelig haveterrasse. Om vinteren forvandles restauranten, fra at være indrettet i surferstil, til en hyggelig ski-lodge.

BRIAN'S STEAK & LOBSTER

Brian Bojsen
Milchstraße 25
D-20148 Hamburg
Tlf. +49 40 57 01 67 37
brian@brians-steak-lobster.com

BRIANS-STEAK-LOBSTER.COM

HUMMER, CHAMPAGNER & FLIP-FLOPS ist das Motto von Brian's Steak & Lobster. Und das zieht der sympathische Gastgeber auch durch. Egal ob Geschäftsmann oder Surfer, jeder kann hier highclass Chillen lernen. In gemütlichem Strandhaus-Ambiente genießt man hier Steak, Burger und Lobster aus dem Josper Ofen, welcher extra aus Spanien importiert wurde. Die Holzkohle sorgt für einen besonders rauchigen Grillgeschmack, den man in ganz Deutschland nur in zwei Locations probieren kann. Brians Strandhaus ist eine davon. Außerdem überzeugen natürlich die Auswahl an Champagner und Weinen sowie die gemütliche Gartenterrasse. Im Winter verwandelt sich das Surfer-Lokal in eine Ski-Lodge.

LOBSTER, CHAMPAGNE & FLIP-FLOPS is the motto of Brian's Steak & Lobster. And that is exactly what Brian's is all about. No matter whether you are a businessman or Surfer, anyone can chill out high class style. You can enjoy steaks, Burgers and Lobster from the Josper oven which was specially imported from Spain, in the ambience of a beach house or in winter, a ski lodge. The charcoal ensures an especially smoky barbecue flavor, you'll only find in two places throughout Germany. Brian's beach house is one of them. What is also particularly impressive is the selection of wines and champagne that can be enjoyed on the relaxing garden terrace.

ØSTERS CEVICHE

INGREDIENSER TIL 4 PERSONER

12 friske østers
4 citroner
4 lime
1 rødløg
1 gul peberfrugt
1 rød peberfrugt
frisk chili, efter smag
2 spsk rørsukker
1 bundt koriander

TILBEREDNING

Hak rødløg, gule og røde peberfrugter, chili og koriander fint, og kom dem i en skål med rørsukkeret. Tilføj saften af citronerne og limefrugterne. Åbn østersene, skær dem fri og gem de dybe skaller. Kom så østersene i skålen, og lad dem marinere i 15 minutter. Kom én østers og én spiseske af blandingen i hver østersskal. Servér straks.

AUSTERN CEVICHE

ZUTATEN FÜR 4 PERSONEN

12 frische Austern
4 Zitronen
4 Limetten
1 rote Zwiebel
1 gelbe Paprika
1 rote Paprika
frischer Chili nach Belieben
2 EL Rohrzucker
1 Bund Koriander

ZUBEREITUNG

Die rote Zwiebel, die gelbe und rote Paprika, den Chili sowie den Koriander fein schneiden und mit dem Rohrzucker in eine Schüssel geben. Den Saft der Zitronen und Limetten zufügen.
Die Austern aus ihren Schalen lösen und in die Marinade legen. Nach 15 Minuten Marinierdauer jeweils einen Esslöffel der Mischung in Kombination mit einer Auster in der tiefen Austernschale servieren.

OYSTERS CEVICHE

INGREDIENTS FOR 4 PERSONS

12 fresh oysters
4 lemons
4 limes
1 red onion
1 yellow pepper
1 red pepper
fresh chili
2 tbsp sugar
1 bunch coriander

PREPARATION

Finely cut the red onion, yellow and red peppers, chili, coriander and place everything into a bowl. Add the juice of the lemons and limes as well as the sugar and mix well.
Shuck the oysters, placing them in the marinade for around 15 minutes. Serve a tablespoon of the mixture with an oyster in the deep halves of the shells. Serve immediately.

INGREDIENSER TIL 1 SHOT

1 lille østers
2 cl tequila (eller efter behov)
4 cl tomatjuice
½ limefrugt
2–3 stænk
Worcestershire Sauce
Tabasco efter behag
selleri salt
peber

MEXICANSK RUTSCHEBANE

TILBEREDNING

Bland tomatjuice, tabasco, saften af den halve limefrugt, Worcestershire Sauce og tequila i et stort shotglas. Smag til med sellerisalt og peber . Åbn østersen, skær den fri, hæld vandet fra og læg den på glasset i den dybe skal. Drik shottet og nyd straks derefter østersen.

ZUTATEN FÜR 1 SHOT

1 kleine Auster
2 cl Tequila (oder nach Bedarf)
4 cl Tomatensaft
½ Limette
2–3 Spritzer
Worcestershire Sauce
Tabasco Red Pepper Sauce
(nach Belieben)
Selleriesalz
Pfeffer

MEXIKANISCHE ACHTERBAHN

ZUBEREITUNG

Tomatensaft, Tabasco, Saft einer halben Limette, Worcestershire Sauce und den Tequila in einem großen Shotglas mischen. Mit Selleriesalz und Pfeffer abschmecken.
Die Auster öffnen, lösen abgießen und in der Schale auf das Glas legen. Den Shot trinken und anschließend sofort die Auster genießen.

INGREDIENTS FOR 1 SHOT

1 small oyster
2 cl Tequila (or as required)
4 cl tomato juice
½ lime
2–3 splashes
Worcestershire Sauce
Tabasco Red Pepper Sauce
(at will)
celery salt
pepper

MEXICAN ROLLERCOASTER

PREPARATION

Mix the tomato juice, Tabasco, juice of half a lime, Worcestershire Sauce and the tequila in a large shot glass. Season with celery salt and pepper. Shuck the oyster, pour away the liquid and place the shell on the glass. Drink the shot and enjoy the oyster directly afterwards.

KELLERS
BADEHOTEL & SPISEHUS

KELLERS BADEHOTEL & SPISEHUS Kellers Badehotel og Spisehus er et hyggeligt og familiært hotel med beliggenhed midt i Nationalpark Vadehavet, der er kun et par hundrede meter til det brusende Vesterhav og Fanøs brede strand.
I restauranten kan man nyde et dejligt middags- eller aftensmåltid. Loungen med kamin og den hyggelige terrasse inviterer til at nyde en varm eller kold drik. Retterne er inspireret af det danske køkken og Vadehavets natur. Vi sætter pris på vores råvarers kvalitet og godt håndværk og byder højeste kvalitet til rimelig pris.
Hotellets ni værelser er hyggelige og individuelt indrettet. Kellers Badehotel & Spisehus byder til enhver årstid den perfekte kulisse for et vidunderligt ophold.

KELLERS BADEHOTEL & SPISEHUS
Sanne Juul Jensen &
Lars Bonde Sejerup
Strandvejen 48
DK-6720 Fanø
Tlf. +45 75 16 30 88
kellers@kellersbadehotel.dk

KELLERSBADEHOTEL.DK

KELLERS BADEHOTEL & SPISEHUS ist ein gemütliches und familiäres Hotel inmitten des Nationalpark Wattenmeer und nur ein paar hundert Meter von der tosenden Nordsee und dem breiten Strand von Fanø entfernt.
Im Restaurant kann man ein schönes Mittag- oder Abendessen genießen. Die Lounge mit dem Kamin sowie die gemütliche Terrasse laden zu einem Heiß- oder Kaltgetränk ein. Die Speisen sind von der dänischen Küche und der Natur des Wattenmeeres inspiriert. Wir legen Wert auf die Qualität unserer Zutaten und ein gutes Handwerk und bieten höchste Qualität zu einem vernünftigen Preis.
Das Hotel verfügt über neun Zimmer, welche gemütlich und individuell eingerichtet sind. Zu jeder Jahreszeit bietet Kellers Badehotel & Spisehus die perfekte Kulisse für einen wundervollen Aufenthalt.

KELLERS BADEHOTEL & SPISEHUS is a friendly, cosy hotel in the middle of the Wadden Sea National Park and is situated only a few hundred meters away from where the North sea roars into the wide expanse of beach at Fanø.
The restaurant offers both lunch and dinner and there is a welcoming fireplace and an intimate terrace where you can also enjoy a hot or cold drink. Our dishes are inspired by local, Danish cuisine and the surroundings of the Wadden Sea. We value the quality of our ingredients and the dedication that brings them to the table and offer the highest quality at a reasonable price.
The hotel has nine rooms, which are comfortably and individually furnished. Kellers Badehotel & Spisehus provides the perfect setting for a wonderful stay at any time of year.

**INGREDIENSER
TIL 4 PERSONER**

4 bagekartoffler
1 l andefedt
(alternativ fritureolie)
4 østers
½ helt hvidløg
2 tsk æblecidereddike
2 æggeblommer
3 dl neutral rapsolie
2 tsk Dijonsennep
salt og peber efter behov
kveller

SPRØDE POMMES FRITTES MED ØSTERS AIOLI

TILBEREDNING

Skyl kartoflerne og skær dem i tynde stave.
Andefedtet varmes til 100°C, og kartoflerne koges møre heri. Derefter tages de op og dryppes af på køkkenrulle.
Aioli: Toppen skæres af hvidløget, det pensles med olie og bages ved 150°C til det er mørt (cirka 20 minutter). Tag hvidløget ud og lad det køle af. Åbn østersene, skær dem fri og gem de dybe skaller. Hæld østersene og jomfruvand i en blender sammen med det bagte hvidløg, sennep, eddike og æggeblommer – blend til det er en ensartet masse. Rapsolien tilføres lidt af gangen, til aiolien har en cremet konsistens.
Andefedtet varmes til 180°C , og pommes fritene steges til de er gyldne og sprøde. Aiolien kommes i skallerne og serveres til de varme pommes frites. Garner med kveller.
Bemærkning: Justér gerne mængden af hvidløg i aolien, så den ikke overdøver den sarte østerssmag.

**ZUTATEN
FÜR 4 PERSONEN**

4 Backkartoffeln
1 l Entenfett
(alternativ Frittierfett)
4 frische Austern
½ Knolle Knoblauch
2 TL Apfelessig
2 Eigelb
300 ml neutrales Rapsöl
2 TL Dijon Senf
Salz und Pfeffer nach Bedarf
Queller

KNUSPRIGE POMMES MIT AUSTERN AIOLI

ZUBEREITUNG

Die Kartoffeln schälen und in dünne Streifen schneiden. Das Entenfett auf 100°C erhitzen und die Pommes vorgaren. Diese Anschließend auf Küchenpapier abtropfen lassen.
Aioli: Eine halbe Knoblauchknolle mit Öl bestreichen und im Backofen bei 150°C ungefähr 20 Minuten garen und danach abkühlen lassen. Die Austern öffnen und lösen. Die Austern mit dem Austernwasser in einen Mixer geben und mit dem Knoblauch, dem Senf, sowie Essig und Eigelb mischen. Das Rapsöl hinzugeben bis eine cremige Konsistenz erreicht ist.
Das Entenfett auf 180°C erhitzen und die Pommes darin frittieren bis sie golden und knusprig sind. Die Aioli, in den Austernschalen angerichtet, mit den Pommes servieren und falls vorhanden mit Queller garnieren.
Anmerkung: Um den zarten Austerngeschmack nicht zu überdecken, sollte man die Menge an Knoblauch anpassen.

i SuperBrugsen Nordby.
Er du en sportsforening og gerne vil have del i puljen, skal
Har du et kort, der ikke er tilknyttet, eller ønsker
Læs meget mere på www.ok.dk
UPARTISK

INGREDIENTS FOR 4 PERSONS

4 baking potatoes
1 l duck fat
(alternatively frying oil)
4 fresh oysters
½ head of garlic
2 tsp apple cider vinegar
2 egg yolks
300 ml neutral rapeseed oil
2 tsp Dijon mustard
salt and pepper to taste
samphire

CRISPY FRIES WITH OYSTER AIOLI

PREPARATION

Peel the potatoes and cut them into thin strips. Heat the duck fat to 100°C and pre-cook the fries. Let them drain on kitchen paper afterwards.

Aioli: Sprinkle half the garlic with oil and let it bake in the oven for 20 minutes at 150°C letting it cool down before you use it. Shuck the oysters saving the oyster water. Use a blender to mix the oysters with the oyster water, garlic, mustard, vinegar and the egg yolks. Add rapeseed oil until a creamy consistency is achieved.

Heat the duck fat to 180°C and deep fry the potatoes until golden and crispy. Serve the aioli in the cleaned deep halves of the shells together with the fries and top with samphire if available.

Note: Be very careful with the amount of garlic in order not to mask the delicate oysters taste.

FANØ

ØSTERS HOTDOG TEMPURA

TILBEREDNING

Østersene åbnes, løsnes og renses for sand og skalrester.
Hvedemelet blandes med kartoffelmel, bagepulver og vandet, til det får en konsistens som pandekagedej.
Rødløget hakkes fint og kommes i en gryde med tre spiseskefulde æblecidereddike og honningen. Det koges indtil væsken er fordampet og løget er blevet lyserødt.
Kom æggeblommen, en spiseskefuld æblecidereddike, Dijonsennep og en knivspids salt i en blender. Knus hvidløgsfeddene, tilføj dem og blend til det er en ensartet masse. Tilfør så olie lidt ad gangen, indtil aiolien har en cremet konsistens.
Dyp østersene i tempuradejen og steg dem gyldne i olie ved 180°C.
Kom en østers i et salatblad og garnér med syltede rødløg, sort aioli og karse.

INGREDIENSER TIL 4 PERSONER

4 store østers
250 g hvedemel
7 g kartoffelmel
3 g natron
ca. 1,5 dl danskvand
olie til frituren
1 sprød hjertesalat
1 lille rødløg
3 spsk æblecidereddike
1 tsk honning
1 stor æggeblomme
3 fermenterede hvidløgsfed (kan købes i brugsen)
1 spsk æblecidereddike
2 tsk Dijonsennep
3 dl neutral olie
karse

AUSTERN HOTDOG TEMPURA

ZUBEREITUNG

Die Austern öffnen, lösen und ruhen lassen.
Das Weizen- mit dem Kartoffelmehl, dem Backpulver und dem Wasser zu einem pfannkuchenartigen Teig vermischen.
Die rote Zwiebel fein gehackt in einem Topf mit drei Esslöffel Apfelessig und dem Honig einkochen bis die Flüssigkeit verdampft ist und die Zwiebeln leuchtend rot sind.
Eigelb, einen Esslöffel Apfelessig, Dijon Senf und eine Messerspitze Salz in einem Mixer verrühren. Die fermentierten Knoblauchzehen zerquetschen und hinzugeben. Mit dem Öl auffüllen bis eine cremige Konsistenz erreicht ist.
Die Austern im Tempurateig wenden und anschließend in 180°C heißem Öl golden frittieren. Jeweils eine Auster in ein Salatblatt legen und mit den eingelegten roten Zwiebeln, der schwarzen Aioli und der Kresse garnieren.

ZUTATEN FÜR 4 PERSONEN

4 große frische Austern
250 g Weizenmehl
7 g Kartoffelmehl
3 g Natron
ca. 150 ml kohlensäurehaltiges Wasser
Frittieröl
1 knackiger Salatkopf
1 kleine rote Zwiebel
3 EL Apfelessig
1 TL Honig
1 Eigelb
3 fermentierte Knoblauchzehen
1 EL Apfelessig
2 TL Dijon Senf
3 dl neutrales Rapsöl
Kresse

INGREDIENTS FOR 4 PERSONS

4 large fresh oysters
250 g wheat flour
7 g potato flour
3 g soda
150 ml carbonated water
cooking oil
1 crisp lettuce
1 small red onion
3 tbsp cider vinegar
1 tsp honey
1 egg yolk
3 cloves of fermented garlic
1 tbsp cider vinegar
2 tsp Dijon mustard
3 dl neutral rapeseed oil
watercress

OYSTER HOTDOG TEMPURA

PREPARATION

Shuck the oysters and let them rest.
Mix the wheat with the potato flour, the baking powder and the water to make a pancake batter.
Boil the finely chopped red onion in a saucepan with three tablespoons of apple cider vinegar and the honey until the liquid has evaporated and the onions are bright red.
Mix the egg yolk, one tablespoon apple cider vinegar, Dijon mustard and a pinch of salt in a blender. Crush and add the fermented garlic cloves and add the oil until the aioli is creamy.
Cover the oysters in the tempura/pancake dough deep-fry until golden in 180°C hot oil. Place an oyster in each lettuce leaf and garnish with the pickled red onions, black aioli and watercress.

Fanø Gourmet

RESTAURANT
Ambassaden
hos PIA & MADS

RESTAURANT AMBASSADEN – HOS PIA & MADS Teamet på Restaurant Ambassaden giver deres gæster al opmærksomhed og smagsoplevelsen gœr et besøg uforglemmeligt. For Pia, Mads og teamet er det et personligt anliggende, at gæsterne føler de er del af familien. Restauranten byder på plads til 60 gæster. Derudover er der cateringservice for store grupper med op til 800 personer.
Ambassadens kœkken retter sig efter årstiderne og bruger lokale, regionale, samt europæiske råvarer. Fisken og skaldyrene stammer fra Vesterhavet og Vadehavet. Ambassaden byder på mulighed for private arrangementer hele året igennem. Om regulære åbningstider og alt videre informerer hjemmesiden.

RESTAURANT AMBASSADEN – BEI PIA & MADS Die gesamte Aufmerksamkeit des Teams des Restaurants Ambassaden gehört seinen Gästen und das Geschmackserlebnis macht einen Besuch unvergesslich. Es ist Pia, Mads und dem Team ein persönliches Anliegen, dass sich die Gäste als Teil der Familie fühlen. Das Lokal bietet Platz für bis zu 60 Gäste. Des weiteren gibt es einen Cateringservice für große Gruppen bis zu 800 Personen.
Die Küche des Ambassaden richtet sich nach den Jahreszeiten und es werden lokale, regionale und europäische Zutaten verwendet. Der Fisch und die Meeresfrüchte sind stets aus der Nordsee und dem Wattenmeer. Das ganze Jahr ist das Ambassaden für private Veranstaltungen geöffnet. Über die regulären Öffnungszeiten und weiteres informiert die Homepage.

RESTAURANT AMBASSADEN – PIA & MADS The guests are the entire focus of the team at the Ambassaden and this coupled with a unique taste experience makes a visit to the restaurant unforgettable. Pia, Mads and the team make it their priority to make the guests feel like part of the family.
The restaurant can accommodate up to 60 guests and in addition offers a catering service for large groups of up to 800 people. The cuisine of the Ambassaden is dictated by the use of seasonal ingredients from the region for example the seafood is always from the North Sea and the Wadden Sea. The Ambassaden is open for private events throughout the year. Please visit the website for regular opening hours.

RESTAURANT AMBASSADEN

Pia & Mads Olsen Lindquist
Hovedgaden 57, Nordby
DK-6720 Fanø
Tlf. +45 75 16 22 11
pia@ambassadenfanoe.dk

AMBASSADENFANOE.DK

INGREDIENSER TIL 4 PERSONER

20 friske østers
1 l olie til stegning
275 g mel
285 ml pilsner øl
3 tsk bagepulver
3 spsk mayonnaise
1 spsk finthakkede purløg
1 spsk finthakkede cornichoner
1 tsk finthakkede kapers
1 fed hvidløg
Dijonsennep
pomfritter efter behov

ØSTERS NYTÅRSDAGS STYLE

TILBEREDNING

Åbn østersene, skær dem fri og lad dem dryppe af på et stykke køkkenrulle.

Til øldejen piskes 225 g mel, pilsner og bagepulver til en glat masse. Vend østersene i resten af melet og dyp dem i øldejen, så de er helt dækkede af dej.

Til sauce tartare blandes følgende ingredienser til en glat masse: Mayonnaise, purløg, cornichoner, ét presset fed hvidløg og kapers. Smag til med salt og peber og sæt så saucen i køleskabet.

Varm olien op til 180°C og kom østersene ned i den varme olie. Når de er gyldne og flyder på overfladen, er de færdige. Servér de friterede østers med pommes frites og sauce tatare.

ZUTATEN FÜR 4 PERSONEN

20 frische Austern
1 l Öl zum Frittieren
275 g Mehl
285 ml Pils
3 TL Backpulver
3 EL Mayonnaise
1 EL fein gehackter Schnittlauch
1 EL fein gehackte Cornichons
1 TL Dijon Senf
1 TL fein gehackte Kapern
1 Knoblauchzehe
Pommes nach Bedarf

AUSTERN NEUJAHRSTAG STIL

ZUBEREITUNG

Austern öffnen, lösen und zum Abtropfen auf Küchenpapier legen.

Für den Bierteig 225 g Mehl, das kalte Bier und das Backpulver zu einem sämigen Teig vermischen. Die Austern im restlichen Mehl wenden und mit dem Bierteig bedecken.

Für die Remoulade die Mayonnaise, den fein gehackten Schnittlauch und die Cornichons, eine gepresste Knoblauchzehe, die gehackten Kapern und den Dijon Senf mischen und mit Pfeffer und Salz abschmecken. Anschließend kühl stellen.

Das Öl auf 180°C erhitzen und die Austern vorsichtig zugeben. Sobald sie goldbraun sind und auf dem Öl schwimmen, herausnehmen und abtropfen lassen. Die Austern mit Pommes und der Remoulade servieren.

INGREDIENTS
FOR 4 PERSONS

20 oysters
1 l oil for frying
275 g flour
285 ml cold beer
3 tsp baking powder
3 tbsp mayonnaise
1 tbsp finely cut chives
1 tbsp finely chopped gherkins
1 tsp Dijon mustard
1 tsp finely chopped capers
1 clove garlic
fries to needs

OYSTERS NEW YEAR'S STYLE

PREPARATION

Shuck the oysters and let them drain on kitchen paper.
For the batter, mix 225 g flour, the cold beer and the baking powder into a creamy dough mix. Dip the oysters in the remaining flour and cover them with the batter.
For the tartar sauce mix the mayonnaise, the finely chopped chives and gherkins, a crushed garlic clove, chopped capers and the Dijon mustard. Season with salt and pepper. Place in the refrigerator to cool.
Heat the oil to 180°C and add the oysters carefully. As soon as they are golden brown and floating on the oil take them out using a slotted spoon and leave them to drain.
Serve the deep-fried oysters with the fries and the tartar sauce.

ØSTERS OG LAND

INGREDIENSER TIL 4 PERSONER

20 friske østers
20 skiver lufttørret skinke
1 klat smør
20 tandstikker
2 dl kogte hvedekerner
1 stor gulerod
2 stængler bladselleri
1 æble
4 spsk havtorn i let sukkerlage
1 lille bundt bredbladet persille

TILBEREDNING

Den store gulerod, sellerien og æblet skæres i små tern. Pluk persillen og kom den sammen med havtornen og de kogte hvedekerner i gulerod-selleri-æble-blandingen.
Åbn østersene, skær dem fri og fjern væsken. Hver østers vikles ind i en skive skinke og sikres med en tandstik. Smelt smørret i en gryde over medium varme og steg skinke-østersene, indtil de er sprøde. Steg blot fem østers ad gangen på grund af væsken, der kommer ud af østersene under stegningen. Dryp de stegte østers af på køkkenrulle. Arranger salaten i midten af en tallerken, og fordel østersene rundt omkring den.

AUSTERN UND LAND

ZUTATEN FÜR 4 PERSONEN

20 große Austern
20 Scheiben luftgetrockneter Schinken
1 TL Butter
20 Zahnstocher
150 g gekochte Graupen
1 große Karotte
2 Stangen Sellerie
1 Apfel
4 EL in Zucker eingelegter Sanddorn
1 Bund glatte Petersilie

ZUBEREITUNG

Die große Karotte, den Sellerie und den Apfel in feine Würfel schneiden. Die Petersilie zupfen und mit dem Sanddorn sowie den gekochten Graupen zur Karotten-Sellerie-Apfel-Mischung geben.
Die Austern öffnen, lösen und ohne die Flüssigkeit mit jeweils einer Scheibe Schinken umwickeln und mit einem Zahnstocher fixieren. Butter bei mittlerer Hitze in einer Pfanne zergehen lassen und die Austern im Schinkenmantel darin knusprig braten. Aufgrund der austretenden Flüssigkeit nur fünf Austern auf einmal braten. Anschließend auf Küchenpapier abtropfen lassen. Den Salat in der Mitte des Tellers anrichten und die Austern um diesen verteilen.

OYSTERS AND LAND

INGREDIENTS FOR 4 PERSONS

20 large oysters
20 slices prosciutto
1 tsp butter
20 toothpicks
150 g cooked groats
1 large carrot
2 stalks celery
1 apple
4 tbsp sugar in pickled sea buckthorn
1 bunch of flat leaf parsley

PREPARATION

Finely dice the carrot, the celery and the apple. Blend the parsley with the sea buckthorn, the cooked groats and the carrot-celery-apple mixture.
Shuck the oysters and wrap a slice of ham around each of them. Secure the ham with a toothpick. Melt butter over medium heat in a pan and fry the oysters until the ham is crispy. Fry just five oysters at once and then let them drain on paper towels. Place the salad in the middle of the plate and arrange the oysters around it.

FANØ BRYGHUS

OM FANØ BRYGHUS En Vadehavs Østers Stout fra Fanø Bryghus er en kæmpe smags oplevelse og at brygge med østers er en teknik bryggeriet mestrer. De mange velsmagende øl, der siden starten i 2009 er kommet fra bryggeriet, midt i Danmarks største Nationalpark Vadehavet, har placeret Fanø Bryghus som et af de allerbedste mindre bryggerier i Danmark. Eksport til flere europæiske lande er ligeledes en del af hverdagen, og mange besøgende finder vej til bryggeriets bar for at smage det velbryggede øl. Bryggeriets direktør Claus Winther og to erfarne amerikanske bryggere sørger for at det faste sortiment på otte øl, hele tiden bliver suppleret med nye spændende øl, der med innovation og ofte lokale ingredienser virkelig giver øldrikkeren én på smagsopleveren. Derfor bliver Fanø Bryghus regelmæssigt inviteret til øl barer både i Danmark og udlandet, hvor øl interesserede kan komme og smage øllet fra Fanø Bryghus og få en snak med Claus Winther og de dygtige bryggere.

FANØ BRYGHUS
Claus Winther
Strandvejen 5, Nordby
DK-6720 Fanø
Tlf. +45 76 66 01 12
bryghus@fanoebryghus.dk

FANOEBRYGHUS.DK

ÜBER DAS FANØ BRYGHUS Ein Wattenmeer Austern Stout vom Fanø Bryghus und dessen Herstellung mit spezieller Technik ist ein ganz besonderes Erlebnis. Aber auch die vielen anderen hervorragenden Biere, die seit der Gründung des Brauhauses 2009 entwickelt worden sind, hat die kleine Brauerei, welche sich mitten im Wattenmeer befindet, in Dänemark und über dessen Grenzen hinaus, bekannt gemacht. Der Export in mehrere europäische Länder ist genauso Teil des täglichen Geschäfts wie die Besucher, die ihren Weg in den hauseigenen Ausschank finden, um hier ein frisch gezapftes Bier zu probieren. Der Brauereichef Claus Winther und die beiden erfahrenen, amerikanischen Brauer sorgen stets dafür, dass zu den acht Hausbieren, ständig neue, spannende und innovative Sorten mit lokalem Bezug hinzukommen.

ABOUT THE FANØ BRYGHUS A Wadden Sea oysters Stout from the Fanø Bryghus, created using unique brewing technology, is a very special experience. There are many other excellent beers that have been developed, since the establishment of the brewery in 2009, that have made the small brewery famous in Denmark and beyond. Export to several European countries is as much a part of daily business as the visitors who find their way into the brewery to taste a freshly brewed draught beer. The chief brewer Claus Winther and his two experienced, American colleagues are constantly working on new, exciting and innovative creations to add to the eight house-beers.

FANØ
Vadehav
Oyster Stout
A traditional British Stout
With strong roasted malt character and
hints of coffee and caramel.

Encore ...

WRITTEN BY
Noel Gallagher – Oasis

CHAMPAGNE SUPERNOVA

PREPARATION

Pour yourself a glass of very expensive champagne and let an oyster swim in it. You may repeat this as many times as you wish.
Then start singing loudly:

"How many special people change
How many lives are living strange
Where were you while we were getting high?
Slowly walking down the hall
Faster than a cannon ball
Where were you while we were getting high?

Some day you will find me
Caught beneath the landslide
In a champagne supernova in the sky
Some day you will find me
Caught beneath the landslide
In a champagne supernova
A champagne supernova in the sky

Wake up the dawn and ask her why
A dreamer dreams she never dies
Wipe that tear away now from your eye
Slowly walking down the hall
Faster than a cannon ball
Where were you while we were getting high?

Some day you will find me
Caught beneath the landslide
In a champagne supernova in the sky
Some day you will find me
Caught beneath the landslide
In a champagne supernova
A champagne supernova"

...

I, Fanø Oyster King, would like to thank the following people for their help. I have met many exciting new people, who became good friends.

SVEN SINDT

Photographer and „boksebold". Sven, thank you for being by my side with various deadlines and most of all thank you for being a good friend.

RABEA DÜING

Graphics and layout. Thank you for the design and for putting up with Sven and me, probably not always easy.

CLAUDIA ODENBACH

Thank you for being a part of the Oyster King concept. Thank you for the Fanø Oyster King-logo and for the moral support.

COLIN JOHN SEYMOUR JR.

Thanks for the photos, recipes and for being part of this project since the idea arose several years ago.

MADS SCHREINER

Visit Denmark, Hamburg

BRIAN BOJSEN

Brian's Steak & Lobster, Hamburg

PAUL CUNNINGHAM

Henne Kirkeby Kro, Henne

SANNE JUUL JENSEN & LARS BONDE SEJERUP

Kellers Badehotel & Spisehus, Fanø

DANIEL RAMEAU

Chef Eurotoques, La Rameaudiere, Luxembourg

recipe on page 58, larameaudiere.lu

PIA & MADS OLSEN LINDQUIST

Restaurant Ambassaden, Fanø

JAKOB SULLESTAD

Sønderho Kro, Fanø

FAMILIE RUDBECK

Rudbecks Ost & Deli, Fanø

CLAUS WINTHER

Fanø Bryghus, Fanø

Splendid Papers would like to thank

NEUE NIESWAND DRUCK AND EINBLATT DRUCK

for their professional support

OUR FRIENDS AND OUR FAMILIES

for their trust, understanding and patience

Talk.